Charles Benoist

Le Machiavélisme et l'Anti-Machiavel

essai

ISBN : 978-1534869189

10 9 8 7 6 5 4 3 2 1

Charles Benoist

Le Machiavélisme et l'Anti-Machiavel

essai

Table de Matières

I. HISTOIRE D'UN LIVRE

Presque coup sur coup, sous le millésime de 1741, à La Haye, à Londres et à Amsterdam, parurent quatre éditions d'un ouvrage dont chacune prétendait être la meilleure leçon. Le titre, ici et là, différait légèrement. C'était, chez Jean van Duren, l'*Antimachiavel*, ou *Examen du « Prince » de Machiavel* ; et Guillaume Meyer, libraire dans le Strand, s'y conformait avec fidélité : mais chez Pierre Paupie et chez Jacques La Caze, il devenait : *Antimachiavel ou Essai de critique sur le « Prince » de Machiavel*. Nulle part le livre ne portait de nom d'auteur ; pourtant, au frontispice des éditions de Paupie et de La Caze, figurait cette mention : *publié par M. de Voltaire*. Et M. de Voltaire attachait à ce travail une grosse importance, puisqu'il l'avait à la fois paré d'une préface et muni d'un avertissement. L'avertissement disait tout net : « N. B. Je soussigné ai déposé le manuscrit original entre les mains de monsieur Cirille le Petit, Desservant de l'Église Françoise à La Haye, lequel manuscrit original est conforme en tout au livre intitulé *Essai de critique sur Machiavel*, toute autre édition étant défectueuse, et les libraires devant suivre en tout la présente copie. » Signé et daté : à La Haye, ce 12 octobre 1740. F. de Voltaire. Il insistait encore à la fin du volume : « Dans le tems qu'on finissait cette édition, il en a paru deux autres : l'une est intitulée de Londres, chez *Jean Mayer* (sic) ; l'autre à La Haye chez van Duren. Elles sont très différentes du manuscrit original ; ce qu'il est aisé de reconnaître aux indications suivantes… etc. Il y a d'ailleurs des omissions considérables, des interpolations (sic), des fautes en très grand nombre dans ces éditions que j'indique. Ainsi, lorsque les libraires qui les ont faites voudront réimprimer ce livre, je les prie de suivre en tout la présente copie. »

Quant à la préface, elle ne disait rien de précis, mais elle donnait beaucoup à entendre :

« Je crois rendre service aux hommes, écrivait Voltaire, en publiant l'*Essai de critique sur Machiavel*. L'illustre auteur de cette réfutation est une de ces grandes âmes que le ciel forme rarement pour ramener le genre humain à la vertu parleurs préceptes et par leurs exemples. Il mit par écrit ces pensées, il y a quelques années, dans le seul dessein d'écrire des vérités que son cœur lui dictait. Il était encore très jeune, il voulait se former à la sagesse, à la vertu ; il comptait ne donner des leçons qu'à soi-même, mais ces leçons qu'il s'est données méritent d'être celles de tous les Rois et peuvent être la source du bonheur des hommes. Il me fit l'honneur de m'envoyer son manuscrit, je crus qu'il était de mon devoir de lui demander la permission de le publier. Le poison de Machiavel est trop public, il fallait que l'antidote le fût aussi. On s'arrachait à l'envi les copies manuscrites, il en courait déjà de très fautives, et l'ouvrage allait paraître défiguré, si je n'avais eu le soin de fournir cette copie exacte, à laquelle j'espère que les Libraires à qui j'en ai fait présent se conformeront. On sera sans doute étonné quand j'apprendrai aux lecteurs que celui qui écrit en français d'un style si noble, si énergique, et souvent si pur, est un jeune étranger, qui n'était jamais venu en France… C'est une chose inouïe, je l'avoue ; mais c'est ainsi que celui dont je publie l'ouvrage a réussi dans toutes les choses auxquelles il s'est appliqué. Qu'il soit Anglais, Espagnol ou Italien, il n'importe, ce n'est pas de sa patrie, mais de son livre qu'il s'agit ici. Je le crois mieux fait et mieux écrit que celui de Machiavel, et c'est un bonheur pour le genre humain qu'enfin la vertu ait été mieux ornée que le vice. Maître de ce précieux dépôt, j'ai laissé exprès quelques expressions qui ne sont pas françaises, mais qui méritent de l'être, et j'ose dire que ce livre peut à la fois perfectionner notre langue et nos mœurs. »

Comme jadis le Régent à Dubois, « l'illustre auteur », « le vertueux auteur » aurait pu reprendre son officieux : « Voltaire, tu me déguises trop ! » Le fait est qu'à le déguiser si bien, on le fit tout de suite reconnaître, mais c'est peut-être ce que l'on voulait. La *Nouvelle Bibliothèque* de novembre 1740 entre adroitement dans le jeu.

« Nous ne connaissons, écrit le journaliste, aucun auteur ou plutôt aucun livre de morale comparable à celui-ci… Ce qui nous étonne, c'est ce langage si pur, cet usage si singulier d'une langue qui n'est pas, dit-on, celle de l'auteur. Plusieurs morceaux nous ont semblé écrits dans des termes si énergiques, le mot propre nous a paru si souvent employé et si souvent mis à sa place, que nous avons douté quelque temps que l'ouvrage soit d'un étranger. » Le *Télémaque* ou l'*Antimachiavel*, lequel vaut mieux, au jugement du critique ? Ce dernier, à coup sûr, « soit par rapport au style, soit par rapport aux choses. Ici on voit un style uni, mais vigoureux et plein, un langage mâle fait pour les choses sérieuses que l'on traite. Enfin il y a des endroits, dans ce livre, qui supposent une connaissance profonde de la métaphysique. » Or nulle part on ne l'a plus approfondie qu'au pays de Leibnitz et de Chrétien Wolff.

Dans un très court espace de temps, les éditions se multiplient. En voici une, allemande, à Göttingue, signalée en avril 1741 ; en voici une autre, au mois de mai, « avec quantité de pièces justificatives en faveur de M. de Voltaire. » L'épigramme s'en mêle. De la *Bibliothèque britannique* sur l'éditeur de l'*Antimachiavel* :

Des auteurs peu considérables
Ont eu d'illustres éditeurs
Et les plus illustres auteurs
Des éditeurs très misérables.
L'éditeur et l'auteur sont aussi quelquefois
Deux sots obscurs qu'unit leur goût pour les sornettes,
Mais, ici, nous voyons le prince des poètes
Éditeur du prince des rois.

Ce prince des rois, roi encore tout nouveau, a moins de le nommer en toutes lettres, on ne peut guère le désigner plus clairement. Tout le monde sait donc quel est l'auteur de l'*Examen* ou *Essai* critique. Personne ne le conteste, quoique personne ne l'avoue. Il faudra que trois quarts de siècle aient passé pour que, dans un factum étrange, dont l'intention de parti est trop évidente, —*Machiavel commenté par Non Buonaparte, manuscrit trouvé dans le carrosse de Buonaparte, après la bataille de Mont-Saint-Jean le 18 juin 1815,* un anonyme qu'on sait être l'abbé Aimé Guillon (de Montléon) essaie de jeter le doute là-dessus.

« Voltaire, insinue l'abbé, Voltaire qui, pour en devenir l'oracle, se formait, en Angleterre à l'école anti-monarchique des Milton, des Collins, des Pope, y publia bientôt (en 1740) cet *Antimachiavel*, qu'il faisait regarder comme l'ouvrage d'un Roi ; et la faction philosophique triomphait en présentant, dans ses rangs, un Monarque déclamant lui-même contre tous les moyens préservatifs des trônes. Cependant ce même Roi, avançant dans sa brillante carrière, acquérait le nom de *Grand* en suivant précisément la même politique et les mêmes systèmes qu'il passait pour avoir combattus avec sa plume. Dédaignant de confondre cette erreur autrement que par sa glorieuse conduite, il en fit bien assez pour achever de détromper le public, et même pour honorer Machiavel, en prouvant que cet ouvrage était étranger à ses productions littéraires, lorsqu'il permit qu'on en imprimât le recueil de son vivant. Les éditeurs de la nouvelle collection, qui en fut publiée après sa mort, donnèrent à Voltaire le même démenti. Néanmoins, cet *Antimachiavel*, encore favorisé par la même illusion, avait encore l'effet que la faction s'en était promis ; et il avança plus qu'on ne croit les affaires de ces philosophes régénérateurs, par qui ' déjà les souverains étaient dénoncés aux peuples comme des tyrans dont il faudrait bientôt secouer le joug, ou enchaîner la puissance. »

Des deux arguments, l'un psychologique, l'autre bibliographique, l'un de fond, l'autre de circonstance, sur lesquels parait se fonder cette conclusion téméraire, négligeons le premier pour l'instant : l'occasion nous sera donnée un peu plus loin d'éprouver sa solidité. Le second, spécieux en 1816, quand l'abbé Guillon de Montléon s'en servait, s'écroula en 1648 lorsque parut, à Berlin, chez Rodolphe Decker, imprimeur du Roi, le tome VIII de l'édition officielle des *Œuvres de Frédéric le Grand* (tome premier des *Œuvres philosophiques de Frédéric II, roi de Prusse*), qui contenait non seulement le texte autrefois imprimé par van Duren, mais le texte original de la *Réfutation du « Prince » de Machiavel*, d'après les autographes tirés soit des archives royales du Cabinet, soit de la collection de M. Friedlaender, le tout garanti exact sous le sceau de M. J.-D.-E. Preuss, historiographe de Brandebourg. Cette fois, l'auteur était pris la main sur la plume et sur l'écritoire. Si jamais peut-être cas de conscience royale ne fut plus singulier, paternité d'esprit ne fut jamais plus certaine.

* * *

La preuve en est écrite dans quarante-six lettres de Frédéric à Voltaire ou de Voltaire à Frédéric, dans la correspondance de Frédéric avec Mme du Châtelet, avec Jordan, avec Algarotti., C'est le 31 mars 1738 que le nom de Machiavel apparaît pour la première

I. HISTOIRE D'UN LIVRE

fois en ce commerce épistolaire. Frédéric vient de recevoir la copie de l'*Histoire du siècle de Louis XIV* que Keyserlingk, familièrement « Césarion, » a rapportée de son ambassade à Cirey. Il en fait avec grâce compliment à Voltaire :

« Votre *Histoire* m'enchante, lui mande-t-il. Je voudrais seulement que vous n'eussiez point rangé Machiavel, qui était un malhonnête homme, au rang des autres grands hommes de son temps. Quiconque enseigne à manquer de parole, à opprimer, à commettre des injustices, fût-il d'ailleurs l'homme le plus distingué par ses talents, ne doit jamais occuper une place due uniquement aux vertus et aux talents louables. Cartouche ne mérite point de tenir un rang parmi les Boileau, les Colbert et les Luxembourg. Je suis sûr que vous êtes de mon sentiment. Vous êtes trop honnête homme pour vouloir mettre en honneur la réputation flétrie d'un coquin méprisable : aussi suis-je sûr que vous n'avez envisagé Machiavel que du côté du génie. Pardonnez-moi ma sincérité ; je ne la prodiguerais pas, si je ne vous en croyais très digne. »

Voilà un prince bien scrupuleux, car, à moins que le passage censuré n'ait été supprimé à l'impression, ou que j'aie mal cherché, le seul endroit du *Siècle de Louis XIV* où il soit fait mention de Machiavel est la brève et insignifiante notice sur Amelot de la Houssaye, l'un de ses traducteurs, dans l'espèce de catalogue d'auteurs français placé en tête de l'ouvrage. Et que cette mention même est innocente, presque dédaigneuse !

« Amelot de la Houssaye traduisit et commenta *le Prince de Machiavel, livre longtemps cher aux petits seigneurs qui se disputaient de petits États mal gouvernés, devenu inutile dans un temps où tant de grandes puissances, toujours armées, étouffent l'ambition des faibles.*[1] » Rien d'autre ; sauf une note en bas de page dans l'édition in-4°, Genève, 1749, et elle est franchement désagréable, et tendancieuse sans doute, reproduisant ces paroles extraites des *prétendus Mémoires* de Mme de Maintenon, t. V, p. 6 : « La Cour de Vienne, de tout temps infectée des maximes de Machiavel et soupçonnée de réparer par ses empoisonneurs les fautes de ses ministres.[2] »

A l'assaut de Frédéric, Voltaire ne résiste pas ; il passe

---

1 Édit. Beuchot
2 Édit. de Genève, t. I», p. 345.

Charles Benoist

condamnation et l'on peut croire que les lignes citées plus haut ne sont qu'une transcription refroidie de sa missive du 20 mai :

« La première chose dont je me sens forcé de vous parler est la manière dont vous pensez sur Machiavel. Comment ne seriez-vous point ému de cette colère vertueuse où vous êtes presque contre moi de ce que j'ai loué le style d'un méchant homme ? C'était aux Borgia, père et fils, et à tous ces petits princes qui avaient besoin de crimes pour s'élever, à étudier cette politique infernale ; il est d'un prince tel que vous de la détester. Cet art, qu'on doit mettre à côté de celui des Locuste et des Brinvilliers, a pu donner à quelques tyrans une puissance passagère, comme le poison peut procurer un héritage ; mais il n'a jamais fait ni de grands hommes, ni des hommes heureux ; cela est bien certain. A quoi peut-on donc parvenir par cette politique affreuse ? Au malheur des autres et au sien même. Voilà les vérités qui sont le catéchisme de votre belle âme. »

Le 17 juin, Frédéric prend acte de sa victoire :

« Mon cher ami, c'est la marque d'un génie bien supérieur que de recevoir, comme vous faites, les doutes que je vous propose sur vos ouvrages. Voilà, donc Machiavel rayé de la liste des grands hommes, et votre plume regrette de s'être souillée de son nom. L'abbé Du Bos, dans son parallèle de la poésie et de la peinture, cite cet Italien politique au nombre des grands hommes que l'Italie a produits. Il s'est trompé assurément, et je voudrais que dans tous les livres on pût rayer le nom de ce fourbe politique du nombre de ceux où le vôtre doit tenir le premier rang. »

Mais le prince de Prusse ne pose pas les armes : il ne lui suffit pas que Voltaire se soit amendé, c'est le monstre lui-même qu'il veut exterminer :

« Je médite, confie-t-il le 22 mars 1739, un ouvrage sur le Prince de Machiavel ; tout cela roule encore dans ma tête, et il faudra le secours de quelque divinité pour débrouiller ce chaos. »

Frédéric travaille consciencieusement, entassant lecture sur lecture. Il lit les *Notes politiques* d'Amelot de la Houssaye, il lit le chevalier Gordon sur la vie du duc de Valentinois. Il lit à Remusberg, en voyage, au haras de Trakehnen. Entre le printemps et l'été, le chaos se débrouille, la divinité est intervenue. La marquise

I. HISTOIRE D'UN LIVRE

du Châtelet en est avisée le 20 août.

« Je suis occupé à présent à réfuter l'ennemi de l'humanité et le calomniateur des princes ; je me délasserai de cet ouvrage entre les bras de la poésie, et je ramperai sur vos pas dans la carrière de la physique. Il n'est pas permis, madame, à tout le monde d'être universel ; il en est des génies comme des sciences : les uns embrassent beaucoup plus d'objets que les autres. Pour moi, je m'aperçois bien que l'humanité est aussi peu mon partage que l'univers entier était celui d'Alexandre ; je fais des efforts pour conquérir quelque petite province voisine, à peu près comme la France, qui s'empare tout doucement de l'île de Corse, après s'être mise en possession de la Lorraine, avec cette différence pourtant que la conquête de ces Etats se fait ou par violence, ou par supercherie, et que le pays des sciences ne se gagne que par un travail assidu, que toute finesse, que tout artifice pour s'en rendre maître devient inutile, et que nous n'avons d'autres moyens pour nous les approprier que les forces de l'esprit. »

Comment ne pas s'intéresser à ce qui intéresse à un si haut point un si grand prince ? De Paris comme de Cirey, le couple illustre, le divin Voltaire, la divine Emilie, prodiguent, enveloppés de flatteries, l'un ses conseils, l'autre ses encouragements. C'est d'abord la marquise (13 octobre 1739) :

« Je ne suis pas assez ennemie du genre humain pour tirer V. A. R. du bel ouvrage qu'elle a entrepris d'en réfuter le corrupteur, pour lui faire apprendre quelques vérités de physique. »

Et, tout de suite après, c'est Voltaire (18 octobre) :

« Je relis Machiavel dans le peu de temps que mes maux et mes études me laissent. J'ai la vanité de penser que ce qui aura le plus révolté dans cet auteur, c'est le chapitre de la *Crudeltà* (ch. XVII) où ce monstre ingénieux et politique ose dire : *Deve per tanto un principe non si curare dell' infamia di crudele* ; mais surtout le chapitre XVIII : *In che modo i principi debbiano osservare la fede.* Si j'osais dire mon sentiment devant V. A. R., qui est assurément le juge-né de ces matières par son cœur, par son esprit et par son rang, je dirais que je ne trouve ni raison ni esprit dans ce chapitre. Ne voilà-t-il pas une belle preuve qu'un prince doit être un fripon, parce qu'Achille a été nourri, selon la Fable, par un animal moitié bête et moitié homme ! Encore si Ulysse avoit eu un renard pour précepteur, l'allégorie auroit quelque justesse ; mais qu'en conclure pour Achille, qui n'est représenté que comme le plus impétueux et le moins politique des hommes ?

« Dans le même chapitre, il faut être un perfide, *perchè gli uomini sono tristi* ; et, le moment d'après, il dit : *Sono tanto semplici gli nomini... che colui chc inganna troverà sempre chi si lascerà ingannare...*

« Il me semble que le docteur du crime méritait de tomber ainsi en contradiction.

« Je n'ai point encore eu les Notes d'Amelot de la Houssaye, mais quel commentaire faut-il à mon prince pour démêler le faux et pour confondre l'injuste ? Béni soit le jour où ses aimables mains auront achevé un ouvrage dont dépendra le bonheur des hommes, et qui devra être le catéchisme des rois ! »

Que de catéchisme ! Frédéric s'acharne à la besogne. Il pense en voir bientôt la fin et, le 27 octobre, il prévient la marquise du Châtelet :

« Vous me demandez des nouvelles de *Machiavel*. Je compte de l'achever dans quinze jours. Je ne voudrais point présenter un ouvrage informe et mal digéré aux yeux du public. J'écris beaucoup et j'efface davantage. Ce n'est encore qu'une masse d'argile grossière à laquelle il faut donner la façon et le tour convenable : cependant je vous envoie l'*Avant-Propos*, pour vous faire juger dans quel esprit cet ouvrage est composé. Il y a des matières sérieuse où il a fallu des réfutations solides, mais il y en a d'autres où j'ai cru qu'il était permis d'égayer le lecteur. Je ne sais rien de pire que l'ennui, et je crois que l'on instruit toujours mal le lecteur lorsqu'on le fait bâiller. Peut-être y a-t-il de la présomption, à mon âge, de me flatter d'instruire le public ! mais peut-être n'y en a-t-il point à vouloir lui plaire. J'aurais bien voulu semer par-ci par-là de ce sel attique tant estimé des anciens ; mais ce n'est pas l'affaire de tout le monde. J'enverrai l'ouvrage, chapitre par chapitre, à M. de Voltaire. Votre jugement et votre goût me tiendra lieu de celui du public ; je vous demande en amitié de ne point me déguiser vos sentiments.

« Mais je m'aperçois que, comme l'éternel abbé de Chaulieu, je ne parle que de moi-même. Je vous en demande mille pardons, madame, la matière m'entraîne et Machiavel m'a séduit. »

Auprès de Voltaire lui-même, le royal débutant insiste, exposant modestement ses intentions, quelques jours plus tard, le 2 novembre :

« Cette réfutation de Machiavel, à laquelle vous vous intéressez, est achevée. Je commence à présent à la reprendre par le premier chapitre, pour corriger et pour rendre, si je le puis, cet ouvrage digne de passer à la postérité. Pour ne vous point faire attendre, je vous envoie quelques morceaux de ce marbre brut, qui ne sont pas encore polis.

« J'ai envoyé, il y a huit jours, l'*Avant-Propos* à la marquise : vous recevrez tous les chapitres corrigés et dans leur ordre, lorsqu'ils seront achevés. Quoique je ne veuille point mettre mon nom à cet ouvrage, je voudrais cependant, si le public en soupçonnait l'auteur, qu'il ne pût me faire du tort. Je vous prie, par cette considération, de me faire l'amitié de me dire naturellement ce qu'il faut y corriger. Vous sentez que votre indulgence, en ce cas, me serait préjudiciable et funeste.

« Je m'étais ouvert à quelqu'un du dessein que j'avais de réfuter Machiavel ; ce quelqu'un m'assura que c'était peine perdue, puisque l'on trouvait, dans les *Notes politiques* d'Amelot de la Houssaye sur Tacite, une réfutation complète du *Prince* politique. J'ai donc lu Amelot et ses *Notes*, mais je n'y ai point trouvé ce qu'on m'avait dit ; ce sont quelques maximes de ce politique dangereux et détestable qu'on réfute, mais ce n'est pas l'ouvrage en corps. « Où la matière me l'a permis, j'ai mêlé l'enjouement au sérieux et quelques petites digressions dans les chapitres qui ne présentaient rien de fort intéressant au lecteur. Ainsi les raisonnements, qui n'auraient pas manqué d'ennuyer par leur sécheresse, sont suivis de quelque chose d'historique, ou de quelques remarques un peu critiques, pour réveiller l'attention du lecteur. Je me suis tu sur toutes les choses où la prudence m'a fermé la bouche, et je n'ai point permis à ma plume de trahir les intérêts de mon repos.

« Je sais une infinité d'anecdotes sur les cours de l'Europe, qui auraient à coup sûr diverti mes lecteurs ; mais j'aurais composé une satire d'autant plus offensante, qu'elle eût été vraie, et c'est ce que je ne ferai jamais. Je ne suis point né pour chagriner les princes, je voudrais plutôt les rendre sages et heureux. Vous trouverez donc dans ce paquet cinq chapitres de *Machiavel*, le plan de Remusberg, que je vous dois depuis longtemps, et quelques poudres qui sont admirables pour vos coliques. Je m'en sers moi-même, et elles me font un bien infini. Il les faut prendre le soir, en se couchant, avec de l'eau pure. »

Voltaire, ravi et touché, remercie le 28 décembre, en adressant au prince ses vœux de bonne année : il accepte et il inaugure ses fonctions, toujours périlleuses, de correcteur, doucement du reste et habilement :

« Je fais encore un souhait pour le public ; c'est qu'il voie la réfutation que mon prince a faite du corrupteur des princes. Je reçus, il y a quelques jours, à Bruxelles, les douze premiers chapitres ; j'avais déjà dévoré les derniers que j'avais reçus en France. Monseigneur, il faut, pour le bien du monde, que cet ouvrage paraisse, il faut que l'on voie l'antidote présenté par une main royale. Il est bien étrange que les princes qui ont écrit n'aient pas écrit sur un tel sujet. J'ose dire que c'était leur devoir et que leur silence sur Machiavel était une approbation tacite. C'était bien la peine que Henri VIII d'Angleterre écrivît contre Luther ; c'était bien à *l'enfant Jésus* que Jacques Ier devait dédier un ouvrage ! Enfin, voici le livre digne d'un prince, et je ne doute pas qu'une édition de Machiavel, avec ce contre-poison à la fin de chaque chapitre, ne soit un des plus précieux monuments de la littérature. Il y a très peu de ce qu'on appelle des fautes contre l'usage de notre langue ; et V. A. R. me permettra de m'acquitter de ma tâche de mettre des points sur les *i*. Si V. A. R. daigne condescendre à la prière que je lui fais, si elle donne son trésor au public, je lui demande en grâce qu'elle me permette de faire la préface, et d'être son éditeur. Après l'honneur qu'elle m'ait de faire imprimer *la Henriade*, elle ne pouvait plus m'en faire d'autre qu'en me confiant l'édition de l'*Antimachiavel*. Il arrivera que ma fonction sera plus belle que la vôtre ; *la Henriade* peut plaire à quelques curieux, mais l'*Antimachiavel doit être le catéchisme des rois et de leurs ministres.* »

Encore ! Mais Voltaire poursuit, avec une révérence de gentilhomme de la chambre, et non sans se mettre à couvert :

« Vous me permettrez, Monseigneur, de dire que, selon les

remarques de madame du Châtelet, oserais-je ajouter, selon les miennes, il y a quelques branches de ce bel arbre qu'on pourrait élaguer, sans lui faire de tort. Le zèle contre le précepteur des usurpateurs et des tyrans a dévoré votre âme généreuse ; il vous a emporté quelquefois. Si c'est un défaut, il ressemble bien à une vertu. On dit que Dieu, infiniment bon, hait infiniment le vice ; cependant, quand on a dit à Machiavel honnêtement d'injures, on pourrait, après cela, s'en tenir aux raisons. Ce que je propose est aisé, et je le soumets à votre jugement. J'attendrai les ordres précis de mon maître, et je conserverai le manuscrit jusqu'à ce qu'il permette que j'y touche et que j'en dispose. »

Frédéric, qui, à mesure qu'il avance, se méfie de l'effet, désire prendre ses précautions (6 janvier 1740) :

« L'*Antimachiavel* ne mérite point d'être annoncé sous mon nom au roi de France. Ce prince a tant de bonnes et de grandes qualités, que mes faibles écrits seraient superflus pour les développer. De plus, j'écris librement, et je parle de la France comme de la Prusse, de l'Angleterre, de la Hollande, et de toutes les Puissances de l'Europe. Il est bon que l'on ignore le nom d'un auteur qui n'écrit que pour la vérité, et qui, par conséquent, ne donne point d'entraves à ses pensées. Lorsque vous verrez la fin de l'ouvrage, vous conviendrez avec moi qu'il est de la prudence d'ensevelir le nom de l'auteur dans la discrétion de l'amitié. »

Alors commence un joli jeu de coquetteries. Derrière Voltaire qui sourit, un peu grimaçant, la marquise minaude. Elle a déjà, écrit le 19 décembre 1739 :

« Il n'est pas possible, après avoir lu la *Réfutation de Machiavel*, de n'en pas remercier V. A. R. C'est bien de cet ouvrage que l'on peut dire ce que l'on disait du *Télémaque*, « que le bonheur du genre humain en naîtrait, s'il pouvait naître d'un livre. » J'espère Monseigneur, que vous nous enverrez la suite de ce bel ouvrage. »

Le 4 mars 1740, Mme du Châtelet revient à la charge :

« Monseigneur,

« Je lis actuellement la suite du bel ouvrage de V. A. R. mais j'ai trop d'impatience de lui dire combien j'en suis enchantée pour attendre que j'en aie fini la lecture. Il faut, Monseigneur, pour le bonheur du monde, que V. A. R. donne cet ouvrage au public. Votre nom n'y sera pas, mais votre cachet, je veux dire cet amour du bien public et de l'humanité, y sera, et il n'y a aucun de ceux qui ont le bonheur de connaître V. A. R. qui ne l'y doive reconnaître. En lisant l'*Antimachiavel*, on croirait que V. A. R. ne s'est occupée toute sa vie que des méditations de la politique, » etc.

Frédéric, qui n'est pas auteur à demi, ne consent pas à être en reste dans ce manège. Lui aussi, il veut qu'on sache, quoique ce ne soit pas vrai, « qu'il n'est demeuré qu'un quart d'heure à le faire. » A la marquise, de Berlin, le 18 mars :

« La *Réfutation de Machiavel*, dont votre indulgence m'applaudit, aurait peut-être mieux réussi, si j'avais eu tout le loisir nécessaire ; mais il y a quatre mois que je suis ici, c'est-à-dire dans l'endroit du monde le plus tumultueux et le moins propre à ce recueillement d'esprit que demandent des ouvrages réfléchis. J'ai fait une trêve avec Voltaire, le priant de m'accorder quelques semaines de délai, après quoi, je lui ai promis d'être impitoyable à l'égard des fautes qui me sont échappées dans la composition de cet ouvrage. »

C'était la répétition de la lettre du 3 février à Voltaire, personnellement :

« Malgré le peu de temps que j'ai à moi, j'ai pourtant trouvé le moyen d'achever l'ouvrage sur Machiavel dont vous avez le commencement. Je vous envoie par cet ordinaire la fin de mon ouvrage, en vous priant de me faire part de lu critique que vous en ferez. Je suis résolu de revoir et de corriger sans amour-propre tout ce que vous jugeriez indigne d'être présenté au public. Je par le trop librement de tous les princes pour permettre que l'*Antimachiavel* paraisse sous mon nom. Ainsi j'ai résolu de le faire imprimer, après l'avoir corrigé, comme l'ouvrage d'un anonyme. Faites donc main basse sur toutes les injures que vous trouverez superflues et ne me passez point de fautes contre la pureté de la langue. »

Les fautes de composition, les fautes contre la langue, Frédéric n'a consulté que sur celles-là ; et Voltaire s'est empressé, un peu trop peut-être, de donner son avis (23 février 1740) :

« Monseigneur, je ne reçus que le 20 le paquet de V. A. R. du 3, dans lequel je vis enfin la corniche de l'édifice où chaque souverain devrait souhaiter d'avoir mis une pierre.

« Vous me permettez, vous m'ordonnez même de vous parler avec liberté, et vous n'êtes pas de ces princes qui, après avoir voulu qu'on leur parlât librement, sont fâchés qu'on leur obéisse. J'ai peur, au contraire, que dorénavant votre goût pour la vérité ne soit mêlé d'un peu d'amour-propre.

« J'aime et j'admire tout le fond de l'ouvrage, et je pars de là pour dire hardiment à V. A. R. qu'il me paraît qu'il y a quelques chapitres un peu longs ; *transverso calamo signum* y remédiera bien vite, et cet or en filière, devenu plus compact, en aura plus de poids et de brillant.

« Vous commencez la plupart des chapitres par dire ce que Machiavel prétend dans son chapitre que vous réfutez : mais, si V. A. R. a intention qu'on imprime le Machiavel et la réfutation à côté, ne pourra-t-on pas, en ce cas, supprimer ces annonces dont je parle, lesquelles seraient absolument nécessaires, si votre ouvrage était imprimé séparément ? Il me semble encore que quelquefois Machiavel se retranche dans un terrain et que V.A.R. le bat dans un autre ; au troisième chapitre, il dit ces abominables paroles : « *Si ha a notare, che gli uomini si debbono o vezzeggiare o spegnere ; perchè si vendicano delle leggieri offese delle gravi non possono.* »

« V. A. R. s'attache à montrer combien tout ce qui suit de cet oracle de Satan est odieux. Mais le maudit Florentin ne parle que de l'utile. Permettriez-vous qu'on ajoutât à ce chapitre un petit mot pour faire voir que Machiavel même ne devait pas regarder ces menaces comme justifiées par l'événement ? Car, de son temps même, un Sforce, usurpateur, avait été assassiné dans Milan ; un autre usurpateur, du même nom, était à Loches, dans une cage de fer ; un troisième usurpateur, notre Charles VIII, avait été obligé de fuir de l'Italie, qu'il avait conquise ; le tyran Alexandre VI mourut empoisonné de son propre poison ; César Borgia fut assassiné. Machiavel était entouré d'exemples funestes au crime, V. A. R. en par le ailleurs ; voudrait-elle en parler en cet endroit ? N'est-ce pas la place véritable ? Je m'en rapporte à vos lumières.

« C'est à Hercule à dire comme il faut s'y prendre pour étouffer Antée.

« Je présente à mon prince ce petit projet de préface que je viens d'esquisser. S'il lui plaît, je le mettrai dans son cadre ; et, après les

Charles Benoist

derniers ordres que je recevrai, je préparerai tout pour l'édition du livre qui doit contribuer au bonheur des hommes. »

Mais Frédéric se défend de plus belle. Etre imprimé sous le voile de l'anonymat ne lui semble plus une garantie suffisante. Il songe, ou il dit qu'il songe, à ne pas se laisser imprimer du tout. Mme du Châtelet l'exhorte, le 25 avril :

« V. A. R. me permettra de la faire souvenir de *Machiavel* ; je m'intéresse à la publication d'un ouvrage qui doit être si utile au genre humain… »

Et, le 1er juin, Voltaire le presse :

« Votre raison a bien de l'esprit ; mais il y a encore un de vos enfans qui m'intéresse davantage : c'est la réfutation de Machiavel. Je viens de la relire ; je puis encore une fois assurer V. A. R. que c'est un ouvrage nécessaire au genre humain. Je ne vous cacherai point qu'il y a des répétitions, et que c'est le plus bel arbre du monde qu'il faut élaguer. Je vous dis la vérité, grand prince, comme vous méritez qu'on vous la dise, et j'espère que, quand vous serez un jour sur le trône, vous trouverez des amis qui vous la diront. Vous êtes fait pour être' unique en tout genre, et pour goûter des plaisirs que les autres rois sont faits pour ignorer. M. de Keyserlingk vous avertira quand, par hasard, vous aurez passé une journée sans faire des heureux ; et le cas arrivera rarement. Pour moi, je mettrai, en attendant, les points et les virgules à l'*Antimachiavel*. Je vais profiter de la permission que V. A. R. m'a donnée. J'écris aujourd'hui à un libraire de Hollande, en attendant qu'il y ait à Berlin une belle imprimerie, et une belle manufacture de papier qui fournisse toute l'Allemagne. Je viens d'apprendre, dans le moment, qu'il y a quelques anciennes brochures imprimées contre le Prince de Machiavel. On m'a fait connaître le titre de trois : la première est *Antimachiavel* ; la seconde, *Discours d'État contre Machiavel* ; la troisième, *Fragmens contre Machiavel*.

« Je serais bien aise de les voir, afin d'en parler, s'il en est besoin, dans ma préface ; mais ces ouvrages sont probablement fort mauvais, puisqu'ils sont difficiles à trouver ; cela ne retardera en rien l'impression du plus bel ouvrage que je connaisse. Que vous y faites un portrait vrai des Français et du gouvernement de France ! Que le chapitre sur les puissances ecclésiastiques est intéressant et fort ! La comparaison de la Hollande avec la Russie, les réflexions sur la vanité des grands seigneurs qui font les souverains en miniature, sont des morceaux charmants ! Je vais, dans l'instant, en achever la quatrième lecture, la plume à la main. Cet ouvrage réveille bien en moi l'envie d'achever l'*Histoire du siècle de Louis XIV* ; je suis honteux de faire tant de choses frivoles, quand mon prince m'enseigne à en faire de solides. »

Voltaire, qui est alors à Bruxelles (4 ou 5 juin), a le pressentiment qu'un événement s'approche, susceptible de tout changer :

« Je ne sais, Monseigneur, si vous serez encore au Mont Rémus, ou sur le trône, quand cet *Antimachiavel* paraîtra. Les maladies de l'espèce de celle du Roi sont quelquefois longues. J'ai un neveu, que j'aime tendrement, qui est dans le même cas absolument, et qui dispute sa vie depuis six mois. »

Le lendemain, 6 juin 1740, Frédéric II fixait ces incertitudes. Il était arrivé « à l'illustre auteur, » au « vertueux auteur, » ce qui n'arrive à ses confrères que très exceptionnellement : il était devenu roi.

* * *

A partir de là, Frédéric roi, c'est de la haute comédie. Voltaire a en mains le manuscrit ; il l'a lu et relu, il a « pioché » son Machiavel, préparé sa préface, couvé l'édition, tâté le 'libraire ; il ne veut plus lâcher l'*Antimachiavel*, ou plutôt, il veut le lâcher à l'imprimeur et au public ; il se réjouit à l'avance d'être dans le bruit que l'ouvrage va faire par toute l'Europe. Dans six ou sept semaines, si les libraires hollandais ne le trompent point, il enverra à S. M. « le meilleur livre et le plus utile qu'on ait jamais fait, » un livre digne du prince et de son règne. Un règne d'or : il vient aux lèvres de Voltaire un grand nom, celui de Marc-Aurèle. Mais le moderne Marc-Aurèle est inquiet. Il n'est pas sûr de n'avoir pas, en écrivant contre Machiavel, commis une imprudence. Ce sont là des livres d'héritier présomptif, non des livres de roi couronné. De tels traités de morale engagent beaucoup. Un prince qui a de l'avenir dans l'esprit ne doit pas ainsi se fermer bruyamment les portes. Au cours même de ce mois de juin, Frédéric II dépêche à Voltaire, avec un

Charles Benoist

cadeau, un homme de confiance, le bon gros M. de Camas :

Hier vinrent, pour mon bonheur,
Deux bons tonneaux de Germanie ;
L'un contient du vin de Hongrie,
L'autre est la panse rebondie
De monsieur votre ambassadeur.

Sur l'objet de la mission, quelques lignes du remerciement nous éclairent il ne se peut mieux :

« L'ouvrage de Marc-Aurèle est bientôt tout imprimé. J'en ai parlé à V. M. dans cinq lettres ; je l'ai envoyé, selon la permission expresse de V. M., et voilà M. de Camas qui me dit qu'il y a un ou deux endroits qui déplairaient à certaines Puissances. Mais moi, j'ai pris la liberté d'adoucir ces deux endroits, et j'oserais bien répondre que le livre fera autant d'honneur à son auteur, quel qu'il soit, qu'il sera utile au genre humain. Cependant, s'il avait pris un remords à V. M., il faudrait qu'elle eût la bonté de se hâter de me donner ses ordres, car, dans un pays comme la Hollande, on ne peut arrêter l'empressement avide d'un libraire qui sent qu'il a sa fortune sous la presse.

« Si vous saviez, Sire, combien votre ouvrage est au-dessus de celui de Machiavel, même par le style, vous n'auriez pas la cruauté de le supprimer. »

Je prie qu'on remarque cette petite phrase d'allure innocente : « S'il avait pris un remords à V. M., » et cette préventive invocation « à l'avidité du libraire. » Toutefois, la résolution du Roi parait prise, assez ferme pour résister même à l'adulation un peu grosse dont elle est battue comme une muraille à coups de bélier. Vainement, Mme du Châtelet gémit (14 juillet 1740) :

« Mais, Sire, il faut que je vous dise que le cœur me saigne du voir le genre humain privé de la *Réfutation de Machiavel*, et je ne puis trop rendre de grâces à V. M. de la bonté qu'elle a de m'excepter de la loi générale et de m'en promettre un exemplaire ; c'est le don le plus précieux que V. M. puisse me faire. Je ne crois pas que l'édition s'en achève en Hollande ; mais j'imagine que V. M. en fera tirer quelques exemplaires à Berlin, et qu'elle n'oubliera pas alors la personne du monde qui fait le plus de cas de cet incomparable ouvrage. Je ne connais rien de mieux écrit, et les pensées en sont si belles et si justes qu'elles pourraient même se passer des charmes de l'éloquence. J'espère que V. M. sera servie comme elle le désire, et que ce livre ne paraîtra point. M. de Voltaire ira même en Hollande, si sa présence y est nécessaire, comme je le crains infiniment, car les libraires de ce pays-là sont sujets à caution, et je puis assurer V. M. qu'il ne lui fera jamais de sacrifice plus sensible que celui de ce voyage. J'espère cependant encore qu'il pourra s'en dispenser. »

Il s'agit donc de « rattraper » le manuscrit. Voltaire part, bon gré, mal gré. Le 20 juillet, il est à La Haye.

« Vos ordres me semblaient positifs ; la bonté tendre et touchante avec laquelle Votre Humanité me les a donnés me les rendait encore plus sacrés… »

Et on peut le croire, que ces ordres étaient positifs. *Post-scriptum* de la lettre de Frédéric, » du 27 juin : « Pour Dieu, achetez toute l'édition de l'*Antimachiavel*. »

« La première chose que je fis hier, en arrivant, continue Voltaire, fut d'aller chez le plus retors et le plus hardi libraire du pays, qui s'était chargé de la chose en question. Je répète encore à V. M. que je n'avais pas laissé dans le manuscrit un mot dont personne en Europe pût se plaindre. Mais, malgré cela, puisque V. M. avait à cœur de retirer l'édition, je n'avais plus ni d'autre volonté ni d'autre désir. J'avais déjà fait sonder ce hardi fourbe, nommé Jean van Duren, et j'avais envoyé en poste un homme qui, par provision, devait au moins retirer, sous des prétextes plausibles, quelques feuilles du manuscrit, lequel n'était pas à moitié imprimé ; car je savais bien que mon Hollandais n'entendrait à aucune proposition. En effet, je suis venu à temps ; le scélérat avait déjà refusé de rendre une page du manuscrit. Je l'envoyai chercher, je le sondai, je le tournai de tous les sens ; il me fit entendre que, maître du manuscrit, il ne s'en dessaisirait jamais pour quelque avantage que ce pût être, qu'il avait commencé l'impression, qu'il la finirait.

« Quand je vis que j'avais affaire à un Hollandais qui abusait de la liberté de son pays, et à un libraire qui poussait à l'excès son droit de persécuter les auteurs, ne pouvant ici confier mon secret à personne, ni implorer le secours de l'autorité, je me souvins que V. M. dit, dans un des chapitres de l'*Antimachiavel*, qu'il est permis d'employer quelque honnête finesse en fait de négociation. Je dis donc à Jean van Duren que je ne venais que pour corriger quelques pages du manuscrit. « Très volontiers, monsieur, me dit-il ; si vous voulez venir chez moi, je vous le confierai généreusement feuille à feuille : vous corrigerez ce qu'il vous plaira, enfermé dans ma chambre, en présence de ma famille et de mes garçons. »

« J'acceptai son offre cordiale ; j'allai chez lui, et je corrigeai en effet quelques feuilles qu'il reprenait à mesure, et qu'il lisait pour voir si je ne le trompais point. Lui ayant inspiré par-là un peu moins de défiance, j'ai retourné aujourd'hui dans la même prison, où il m'a enfermé de même, et, ayant obtenu six chapitres à la fois pour les confronter, je les ai raturés de façon, et j'ai écrit dans les interlignes de si horribles galimatias, et des coq-à-l'âne si ridicules, que cela ne ressemble plus à un ouvrage. Cela s'appelle faire sauter son vaisseau en l'air pour n'être point pris par l'ennemi. J'étais au désespoir de sacrifier un si bel ouvrage, mais enfin j'obéissais au roi que j'idolâtre, et je vous réponds que j'y allais de bon cœur. Qui est étonné à présent, et confondu ? C'est mon vilain. J'espère demain faire avec lui un marché honnête, et le forcer à me rendre le tout, manuscrit et imprimé ; et je continuerai à rendre compte à V. M. »

Avant la fin du mois, Voltaire redouble :

« J'ai passé cette journée à consulter des avocats et à faire traiter sous-main avec van Duren. J'ai été procureur et négociateur. Je commence à croire que je viendrai à bout de lui ; ainsi de deux choses l'une : ou l'ouvrage sera supprimé à jamais ou il paraîtra d'une manière entièrement digne de son auteur.

« Que V. M. soit sûre que je resterai ici, qu'elle sera entièrement satisfaite, ou que je mourrai de douleur. Divin Marc-Aurèle, pardonnez à ma tendresse. »

Frédéric se serait-il fâché ? En ce cas, il s'apaise vite, et s'accoutume à la « gloire de papier » qui lui est promise, car il consent dès le 5 août : « Tout ce que je puis vous répondre à présent, c'est que je remets le *Machiavel* à votre disposition, et je ne doute point que vous n'en usiez de façon que je n'aie pas lieu de me repentir de la confiance que je mets en vous. Je me repose entièrement sur mon cher éditeur. »

A la mi-septembre, des copies sont prêtes pour Londres, pour

Paris et pour la Hollande. Van Duren ne triomphera pas : Pierre Paupie et Guillaume Meyer sont sous roche. Voltaire conduit avec sa maîtrise accoutumée cette affaire de librairie. Néanmoins, le Roi, à qui une de ces copies a été soumise, proteste. Encore un coup, on l'a trop déguisé !

« J'ai lu le *Machiavel* d'un bout à l'autre ; mais, à vous dire le vrai, je n'en suis pas tout à fait content, et j'ai résolu de changer ce qui ne m'y plaisait point, et d'en faire une nouvelle édition, sous mes yeux, à Berlin. J'ai, pour cet effet, donné un article pour les Cazettes, par lequel l'auteur de l'*Essai* désavoue les deux impressions. Je vous demande pardon ; niais je n'ai pu faire autrement, car il y a tant d'étranger dans votre édition, que ce n'est plus mon ouvrage. J'ai trouvé les chapitres XV et XVI tout différents de ce que je voulais qu'ils fussent ; ce sera l'occupation de cet hiver que de refondre cet ouvrage. Je vous prie cependant, ne m'affichez pas trop, car ce n'est pas me faire plaisir ; et d'ailleurs, vous savez que, lorsque je vous ai envoyé le manuscrit, j'ai exigé un secret inviolable. »

Deux mots sont à retenir de cette mercuriale : « Je ne suis pas content de votre édition ; j'en ferai une nouvelle, sous mes yeux, à Berlin ; » et : « Ne m'affichez pas trop. » Voltaire ne doit pas avoir la conscience absolument en paix, il prend les devants ; il caresse, il flatte, il lèche :

« Sire, V. Majesté est d'abord suppliée de lire la lettre ci-jointe du jeune Luiscius ; elle verra quels sont, en général, les sentiments du public sur l'*Antimachiavel*.

« M. Trévor, l'envoyé d'Angleterre, et tous les hommes un peu instruits, approuvent l'ouvrage unanimement. Mais je l'ai, je crois, déjà dit à Votre Majesté, il n'en est pas tout à fait de même de ceux qui ont moins d'esprit et plus de préjugés. Autant ils sont forcés d'admirer ce qu'il y a d'éloquent et de vertueux dans le livre, autant ils s'efforcent de noircir ce qu'il y a d'un peu libre. Ce sont des hiboux offensés du grand jour ; et malheureusement, il y a trop de ces hiboux dans le monde. Quoique j'eusse retranché ou adouci beaucoup de ces vérités fortes qui irritent les esprits faibles, il en est cependant encore resté quelques-unes dans le manuscrit copié par van Duren. Tous les gens de lettres, tous les philosophes, tous ceux qui ne sont que gens de bien, seront contents. Mais le livre est d'une nature à devoir satisfaire tout le monde ; c'est un ouvrage pour tous les hommes et pour tous les temps. Il paraîtra bientôt traduit dans cinq ou six langues.

« Il ne faut pas, je crois, que les cris des moines et des bigots s'opposent aux louanges du reste du monde : ils parlent, ils écrivent, ils font des journaux : il y a même, dans l'*Antimachiavel*, quelques traits dont un ministre malin pourrait se servir pour indisposer quelques puissances.

« C'est donc, Sire, dans la vue de remédier à ces inconvénients, que j'ai fait travailler nuit et jour à cette nouvelle édition (celle de Pierre Paupie), dont j'envoie les premières feuilles à Votre Majesté. Je n'ai fait qu'adoucir certains traits de votre admirable tableau, et j'ose m'assurer qu'avec ces petits correctifs, qui n'ôtent rien à la beauté de l'ouvrage, personne ne pourra jamais se plaindre, et cette instruction des rois passera à la postérité comme un livre sacré que personne ne blasphémera.

« Votre livre, Sire, doit être comme vous, il doit plaire à tout le monde ; vos plus petits sujets vous aiment, vos lecteurs les plus bornés doivent vous admirer. »

Puis, tout à coup, au galop, par-dessus l'épaule, la flèche du Parthe : « Ne m'affichez pas trop ! » recommande Frédéric ; mais qui l'a affiché ? qui s'est affiché ?

« Ne doutez pas que votre secret, étant entre les mains de tant de personnes, ne soit bientôt su de tout le monde. Un homme de Clèves disait, tandis que Votre Majesté était à Moyland : « Est-il vrai que nous avons un Roi, un des plus savans et des plus grands génies de l'Europe ? On dit qu'il a osé réfuter Machiavel. »

« Votre Cour en parle depuis plus de six mois. Tout cela rend nécessaire l'édition que j'ai faite, et dont je vais distribuer les exemplaires dans toute l'Europe, pour faire tomber celle de van Duren, qui d'ailleurs est très fautive.

« Si, après avoir confronté l'une et l'autre, Votre Majesté me trouve trop sévère, si elle veut conserver quelques traits retranchés ou en ajouter d'autres, elle n'a qu'à dire ; comme je compte acheter la moitié de la nouvelle édition de Paupie pour en faire des présents, et que Paupie a déjà vendu, par avance, l'autre moitié à ses correspondants, j'en ferai commencer, dans quinze jours, une édition plus correcte, et qui sera conforme à vos intentions. Il serait surtout nécessaire de savoir bientôt à quoi Votre Majesté se déterminera, afin de diriger ceux qui traduisent l'ouvrage en anglais et en italien. C'est ici un monument pour la dernière postérité, le seul livre digne d'un roi depuis quinze cents ans. Il s'agit de votre gloire ; je l'aime autant que votre personne. Donnez-moi donc, Sire, des ordres précis.

« Si Votre Majesté ne trouve pas assez encore que l'édition de van Duren soit étouffée par la nouvelle, si elle veut qu'on retire le plus qu'on pourra d'exemplaires de celle de van Duren, elle n'a qu'à ordonner. J'en ferai retirer autant que je pourrai, sans affectation, dans les pays étrangers, car il a commencé à débiter son édition dans les autres pays ; c'est une de ces fourberies à laquelle on ne pouvait remédier. Je suis obligé de soutenir ici un procès contre lui ; l'intention du scélérat était d'être seul le maître de la première et de la seconde édition. Il voulait imprimer et le manuscrit que j'ai tenté de retirer de ses mains, et celui même que j'ai corrigé. Il veut friponner sous le manteau de la loi. Il se fonde sur ce que, ayant le premier manuscrit de moi, il a seul le droit d'impression. Il a raison d'en user ainsi ; ces deux éditions et les suivantes feraient sa fortune, et je suis sûr qu'un libraire qui aurait seul le droit de copie en Europe gagnerait trente mille ducats au moins.

« Cet homme me fait ici beaucoup de peine. Mais, Sire, un mot de votre main me consolera ; j'en ai grand besoin, je suis entouré d'épines...

« Je joins à ce paquet la copie de ma lettre à ce malheureux curé (Monsieur Cirille Le Petit, desservant de l'Eglise française), dépositaire du manuscrit, car je veux que V. M. soit instruite de toutes mes démarches. »

Impatient, Voltaire pousse et talonne Pierre Paupie, qui traine et que van Duren gagne de vitesse. Mais le diable s'en mêle :

« Un petit accident d'ivrogne arrivé dans l'imprimerie a retardé l'achèvement de l'ouvrage que je fais faire. Ce sera pour le premier ordinaire ; cependant ce fripon de van Duren débite sa marchandise et en a déjà trop vendu...

« C'est un plaisant pays que celui-ci. Croiriez-vous, Sire, que van Duren, ayant le premier annoncé qu'il vendrait l'*Antimachiavel*, est en droit par-là de le vendre, selon les lois, et croit pouvoir empêcher tout autre libraire de vendre l'ouvrage ?…

« Cependant, comme il est *absolument nécessaire*, pour faire taire certaines gens, que l'ouvrage paraisse un peu plus chrétien, je me charge seul de l'édition pour éviter toute chicane, et je vais en faire des présents partout ; cela sera plus prompt, plus noble et plus conciliant, trois choses dont je fais cas. »

Bientôt le mal est réparé (17 octobre) ; Voltaire exulte, en appuyant sur la nécessité de se faire « un peu plus chrétien, » pour ne pas heurter de front « les dévots, » « les bigots. »

« Voici enfin, Sire, des exemplaires de la nouvelle édition de l'*Antimachiavel*. Je crois avoir pris le seul parti qui restait à prendre et avoir obéi à vos ordres sacrés. Je persiste toujours à penser qu'il a fallu adoucir quelques traits qui auraient scandalisé les faibles et révolté certains politiques. Un tel livre, encore une fois, n'a pas besoin de tels ornements. L'ambassadeur Camas serait hors des gonds, s'il voyait à Paris de ces maximes chatouilleuses, et qu'il pratique pourtant un peu trop. Tout vous admirera, jusqu'aux dévots. Je ne les ai pas trop dans mon parti, mais je suis plus sage pour vous que pour moi. Il faut que mon cher et respectable monarque, que le plus aimable des rois plaise à tout le monde. Il n'y a plus moyen de vous cacher, Sire, après l'ode de Gresset ; voilà la mine éventée, il faut paraître hardiment sur la brèche. Il n'y a que des Ostrogoths et des Vandales qui puissent jamais trouver à redire qu'un jeune prince ait, à l'âge de vingt-cinq ou vingt-six ans, occupé son loisir à rendre les hommes meilleurs, et à les instruire, en s'instruisant lui-même. »

Frédéric se repent-il d'avoir malmené, ou craint-il d'avoir irrité un homme qu'il vaut mieux avoir à soi, bien que son amitié ne soit pas très sûre, et peut-être, tout justement, parce qu'elle ne l'est pas ? Il lui écrit le 21 octobre :

« Je vous remercie encore, avec toute la reconnaissance possible, de toutes les peines que vous donnent mes ouvrages. Je n'ai pas le plus petit mot à dire contre tout ce que vous avez fait, sinon que je regrette le temps que vous emportent ces bagatelles. »

Et, le 20 :

« Je vous suis mille fois obligé de l'impression de *Machiavel* achevée ; je ne saurais y travailler à présent, je suis surchargé d'affaires. »

Vers le 20 novembre, surprise. Voltaire arrive subitement à Berlin. Deux mois avant, en septembre, il était allé voir le Roi au château de Moyland, si bien que Frédéric ne goûte pas, à cette seconde visite, un plaisir sans mélange. Il ne serait ni le fils de son père, ni Hohenzollern, s'il ne complait point : il regrette un peu ce que lui coûte cet hôte qui s'invite, et qui a l'habitude de réclamer ses frais de voyage : « Son apparition de six jours, confie-t-il à Jordan, me coûtera par journée cinq cent cinquante écus. » Voltaire s'aperçoit-il qu'on lui bat froid ? Ou bien est-ce la lettre de septembre, celle où on le grondait : « Je ne suis pas tout à fait content de celte édition, » est-ce cette lettre qui, courant après lui, l'a enfin rejoint ? Il traverse seulement la Prusse, ne s'arrête pour ainsi dire pas. En prenant congé, le 28 novembre, il dépose au palais ce billet dans lequel il met en œuvre tous ses moyens, séduction, drôlerie, et rire ; tout Voltaire y est, charmant et terrible :

« Je reçois, Sire, dans ce moment, une lettre de Votre Majesté que M. de Raesfeld me renvoie.

« Je suis bien fâché de ne l'avoir pas reçue plus tôt, j'aurais été consolé. Votre Majesté m'apprend qu'elle a pris le parti de désavouer l'une et l'autre édition, et d'en faire imprimer une nouvelle à Berlin, quand elle en aura le loisir. Cela seul suffit pour mettre sa gloire en sûreté, en cas qu'il y ait quelque chose dans ces éditions qui déplaise à Sa Majesté. L'ouvrage est déjà si généralement goûté, que Votre Majesté ne peut que se rendre encore plus respectable en corrigeant ce que j'ai gâté, et en fortifiant ce que j'ai affaibli. Puissé-je être aussi fripon qu'un jésuite, aussi gueux qu'un chimiste, aussi sot qu'un capucin, si j'ai rien en vue que votre gloire ! Sire, je vous ai érigé un autel dans mon cœur ; je suis sensible à votre réputation comme vous-même. Je me nourris de l'encens que les connaisseurs vous donnent ; je n'ai plus d'amour-propre que par rapport à vous.

« Lisez, Sire, cette lettre que je reçois de M. le cardinal de Fleury. Trente particuliers m'en écrivent de pareilles ; l'Europe retentit de vos louanges. Je peux jurer à Votre Majesté que, excepté le malheureux écrivain de petites nouvelles, il n'y a personne qui ne sache que je suis incapable d'avoir fait un tel ouvrage de politique, et qui ne connaisse ce que peut votre singulier génie.

« Mais, Sire, quelque grand génie qu'on puisse être, on ne peut écrire ni en vers, ni en prose, sans consulter quelqu'un qui nous aime.

« Au reste, que la lettre de M. le cardinal de Fleury ne vous étonne pas, Sire ; il m'a toujours écrit avec quelque amitié. Si j'étais mal avec lui, c'est que je croyais avoir sujet d'être mécontent de lui, et je n'avais pu plier mon caractère à lui faire ma cour. Il n'y a jamais que le cœur qui me conduise.

« Votre Majesté verra par sa lettre en original, que, quand j'ai fait tenir l'*Antimachiavel* à ce ministre comme à tant d'autres, je me suis bien donné de garde de désigner Votre Majesté comme l'auteur de cet admirable livre.

« Je vous supplie, Sire, de juger de ma conduite dans cette affaire par la scrupuleuse attention que j'ai eue à ne jamais donner à personne copie des vers dont Votre Majesté m'a honoré ; j'ose dire que je suis le seul dans ce cas.

« Je vais partir demain. Madame du Châtelet est fort mal. Je me flatte encore d'être assez heureux pour assurer Votre Majesté, à Potsdam, du tendre attachement, de l'admiration et du respect avec lesquels je serai toute ma vie, Sire, etc. »

Voltaire resta à Berlin non point seulement jusqu'au lendemain, mais jusqu'au 2 ou au 3 décembre. Rien n'indique si, selon son espérance, il fut encore reçu à Potsdam, ou ne fut pas reçu. On a trois autres lettres de lui, pendant le retour, datées, l'une : « A quatre lieues par-delà Wesel, je ne sais où, ce 6 décembre ; » l'autre : « Clèves, 15 décembre ; » la troisième : « Dans un vaisseau, sur les côtes de Zélande, où j'enrage, ce dernier décembre 1740. » Il n'y est plus question de l'*Antimachiavel*.

Lorsque, beaucoup plus tard, après les brouilles, dans ses *Mémoires*, Voltaire eut à parler de cet incident, voici comment il l'arrangea. Comme « il n'y a jamais que le cœur qui le, conduise, » Frédéric y est bien drapé :

« Le roi de Prusse, quelque temps avant la mort de son père, s'était avisé d'écrire contre les principes de Machiavel. Si Machiavel avait eu un prince pour disciple, la première chose qu'il lui eût recommandée aurait été d'écrire contre lui. Mais le prince royal n'y avait pas entendu tant de finesse, il avait écrit de bonne foi dans le temps qu'il n'était pas encore souverain, et que son père ne lui faisait pas aimer le pouvoir despotique. Il louait alors de tout son cœur la modération, la justice ; et, dans son enthousiasme, il regardait toute usurpation comme un crime. Il m'avait envoyé son manuscrit à Bruxelles, pour le corriger et le faire imprimer ; et j'en avais déjà fait présent à un libraire de Hollande, nommé van Duren, le plus insigne fripon de son espèce. Il me vint enfin un remords de faire imprimer l'Antimachiavel, *tandis que le roi de Prusse, qui avait cent millions dans ses coffres, en prenait un aux pauvres Liégeois, par la main du conseiller Rambonet. Je jugeai que mon Salomon ne s'en tiendrait pas là. Son père lui avait laissé soixante et six mille quatre cents hommes complets d'excellentes troupes ; il les augmentait, et paraissait avoir envie de s'en servir à la première occasion.*

« Je lui représentai qu'il n'était peut-être pas convenable d'imprimer son livre précisément dans le temps même qu'on pourrait lui reprocher d'en violer les préceptes. Il me permit d'arrêter l'édition. J'allai en Hollande uniquement pour lui rendre ce petit service ; mais le libraire demanda tant d'argent, que le Roi, qui d'ailleurs n'était pas fâché dans le fond du cœur d'être imprimé, aima mieux l'être pour rien que de payer pour ne l'être pas. »

On m'excusera d'avoir conté l'histoire de ce livre d'un prince contre le *Livre du Prince* tout au long, c'est-à-dire peut-être trop longuement, et de n'en avoir pas pourtant dissipé toutes les obscurités. Sous la trame ainsi découverte, il est permis de soupçonner encore quelque intrigue à double ou triple détente. Qu'est-ce que Frédéric désirait, au juste ? Et qu'est-ce que Voltaire fit exactement ? Les contemporains n'y virent guère plus clair que nous, et ne se portent garants ni de la simplicité, ni de la sincérité de l'opération.[1] « L'on sera peut-être surpris de voir paraître une quatrième édition de l'*Antimachiavel*, dans un temps si près des trois premières, qu'à peine aurait-il suffi à faire connaître un autre livre, dit le libraire d'Amsterdam Jacques La Caze, en son avertissement au lecteur.......

---

1 L'*Examen des Mémoires pour servir à la vie de Voltaire* en donne une explication, que nous reproduisons sous toutes réserves : « Ces corrections prétendues [de Voltaire à l'*Antimachiavel*] ne portaient que sur quelques fautes de langage. [Nous avons vu que *non*.] Voltaire était un pauvre politique. Il n'avait pas fait présent du manuscrit à van Duren, mais stipulé un bon traité par lequel il devait lui revenir pour quatre mille francs de livres de toute espèce qu'il comptait bien revendre à Sa Majesté. »

Charles Benoist

« La différence qu'il y a entre l'édition originale (celle de Voltaire) et les deux autres, est si considérable, que quiconque se donnera la peine de les comparer s'apercevra aisément qu'elles n'ont point été faites sur le même manuscrit. Ceux qui ont fait cette comparaison en ont été surpris, et ont été embarrassés, quand il s'est agi d'en rendre raison. D'où vient cette différence entre ces deux manuscrits ? Comment se peut-il que, venant de la même source, ils soient si différons ? Par quel hasard le manuscrit est-il tombé entre les mains du libraire de La Haye ? Pourquoi M. de Voltaire, qui s'était chargé d'en donner une édition, en a-t-il laissé tirer des copies, toujours différentes de l'original ? Ce n'est pas à moi à résoudre toutes ces difficultés. »

Résignons-nous à ce qu'elles ne soient jamais entièrement résolues ; et confrontons maintenant avec la morale du livre les actions de l'auteur, le Roi avec *le Prince*.

* * *

« Entre autres productions littéraires, dit Macaulay dans son admirable Essai sur Frédéric II, le prince avait écrit une réfutation de Machiavel ; Voltaire se chargea de la faire imprimer. Elle était intitulée l'*Antimachiavel* et consistait en une édifiante homélie contre la rapacité, la perfidie, le gouvernement arbitraire, les guerres injustes, en un mot contre presque tout ce qui rappelle maintenant aux hommes le nom de son auteur. »

La matière n'était pas neuve. Pour ne parler que de l'Allemagne, il y avait un siècle et demi qu'elle était pétrie à toutes mains. Outre la traduction allemande du livre d'Innocent Gentillet : *Anti-Machiavellus, das ist Regentenkunst und Fürstenspiegel*, Frédéric avait pu, il avait dû feuilleter les Dissertations de Barlaeus, le *Thésaurus* de Phil. Honorius, les *Disquisitiones* d'Isaac Schook, l'*Examen brève* de S. Pichler, le *Schediasma* de Feustking, les leçons ou discours de Ch. Weiss, le *Politicus sceleratus impugnatus* de Ch. Peller.

Tout cela, exercice d'école ; viande de pédant, remâchée de bouquin à bouquin. Ce qui était nouveau, c'était de voir *le Prince* combattu par un prince. Action méritoire, mais imprudente.

La finesse et l'expérience de Voltaire ne s'y trompent pas. Outre les fautes de composition, « les fautes contre la langue, » il condamne sévèrement les propositions téméraires qui pourraient, dans la suite, être opposées à leur « illustre » et « vertueux » auteur, se retourner contre lui, lui nuire, ou simplement le gêner. Le travail auquel il se livre est, si l'on me passe le mot, un minutieux épluchage. Pour en juger, il n'y a qu'à rapprocher les deux versions de l'*Antimachiavel* qui s'écartent le plus l'une de l'autre : le texte de la *Réfutation*, d'après l'autographe de Frédéric, et l'édition de Pierre Paupie, établie par Voltaire, définitivement, *ne varietar*. Prenons, par exemple, deux des chapitres sur lesquels Voltaire avait particulièrement appelé l'attention de Frédéric, avec succès du reste, car on retrouve dans l'ouvrage, et presque en propres termes, les arguments suggérés dans la lettre ; les chapitres XVII et XVIII du *Prince*. L'impitoyable éditeur ne se contente pas d'émonder des incorrections ou d'écheniller des injures, de faire tomber les « fourbe politique, » les « malhonnête homme, » les « coquin méprisable, » dont la discussion est hérissée ; il taille à coups de hache, abattant des paragraphes tout entiers.

Le chapitre XVII est le fameux chapitre : *De la cruauté et de la clémence, et s'il est mieux d'être aimé que redouté.* Frédéric avait écrit :

« Les princes… sont les arbitres suprêmes de la justice. Un mot de leur bouche fait marcher devant eux ces organes sinistres de la mort et de la destruction, un mot de leur bouche fait voler au secours les agents de leurs grâces, ces ministres qui annoncent de bonnes nouvelles. Mais qu'un pouvoir aussi absolu demande de circonspection, de prudence et de sagesse pour n'en point abuser !

« Les tyrans ne comptent pour rien la vie des hommes. L'élévation dans laquelle les a placés la fortune les empêche de compatir à des malheurs qu'ils ne connaissent point ; ils sont comme ceux qui ont la vue basse, et qui ne voient qu'à deux pas d'eux : ils ne voient qu'eux-mêmes, et n'aperçoivent point le reste des humains ; peut-être, si leurs sens étaient frappés par l'horreur des supplices infligés par leur ordre, par les cruautés qu'ils font commettre loin de leurs yeux, par tout ce qui devance et accompagne la mort d'un malheureux, que leurs cœurs ne seraient pas assez endurcis pour renier constamment l'humanité, et qu'ils ne seraient pas d'un sang-froid assez dénaturé pour ne point être attendris. »

Supprimé. Un peu plus loin, il y avait, dans le manuscrit de Frédéric : « Ils ne se portent à la sévérité (les bons princes) que pour éviter une rigueur plus fâcheuse qu'ils prévoient s'ils se conduisaient autrement ; et ils ne prennent de ces résolutions funestes que dans des cas désespérés et pareils à ceux où un homme se sentant un membre gangrené, malgré la tendresse qu'il a pour lui-même, se résoudrait à le laisser retrancher, pour garantir et pour sauver du moins par cette opération douloureuse le reste de son corps. Ce n'est donc pas sans la plus grande nécessité qu'un prince doit attentera la vie de ses sujets : c'est donc sur quoi il doit être le plus circonspect et le plus scrupuleux. »

Réduit par Voltaire à une seule phrase très brève, le dernier aphorisme est soigneusement coupé. On ne sait pas ce qui peut arriver ! Plus loin encore, il y avait cette amorce de développement :

« Pour répondre un mot à l'auteur, il me suffira d'une réflexion ; c'est que les crimes ont une enchaînure si funeste, qu'ils se suivent nécessairement dès qu'une fois les premiers sont commis. Ainsi l'usurpation attire après soi le bannissement, la proscription, la confiscation et le meurtre. Je demande s'il n'y a pas une dureté affreuse, s'il n'y a pas une ambition exécrable d'aspirer à la souveraineté, lorsqu'on prévoit les crimes qu'il faut commettre pour s'y maintenir. Je demande s'il y a un intérêt personnel dans le monde qui doive faire résoudre un homme à faire périr des innocens qui s'opposent à son usurpation, et quel appât peut avoir une couronne souillée de sang. Ces réflexions feraient peut-être peu d'impression sur Machiavel, mais je me persuade que tout l'univers n'est pas aussi corrompu que lui. »

Transverso calamo signum. A côté de ces ratures, on en pourrait signaler d'autres. Mais il faut remarquer que Voltaire ne se borne pas à aérer le français un peu germanique et indigeste de l'auteur. Il ne se contente pas d'alléger une prose un peu compacte ; quel que soit le service qu'au point de vue littéraire il rende à son royal élève, il a la prétention de lui en rendre, par surcroit ou tout d'abord, un bien plus grand, d'ordre politique, en l'empêchant de trop promettre et de trop s'interdire, de trop se compromettre. C'est ce que montrerait aussi un pareil examen du chapitre XVIII : *En quelle manière les princes doivent observer la foi.* Dans ce chapitre comme dans le précédent, plusieurs paragraphes sont barrés. Voltaire y fait la chasse aux fautes de style ou de goût, aux outrages inutiles, aux invectives et épithètes superflues ; oui, sans doute, mais il n'est pas un régent de collège, pour n'avoir que cet unique, ni même que ce principal souci. Comme il est nécessaire, pour faire taire certaines gens, que l'ouvrage « paraisse un peu plus chrétien, » — ce qui, venant de Voltaire est proprement « le comble » du machiavélisme entendu au sens courant, — il efface, ajoute et change. A la fin d'un petit morceau sur César Borgia, prototype et parangon du Prince selon Machiavel, Frédéric avait voulu mettre : « Il lui fallait des exemples (à Machiavel) ; mais d'où les aurait-il pris que du registre des procès criminels ou de l'histoire *des Papes* ? » Reculant devant le scandale, mouvement admirable chez lui, Voltaire saisit le grattoir et la sandaraque. Au lieu de « l'histoire des Papes, » il met tranquillement : « l'histoire des Nérons et de leurs semblables, » car Néron n'est plus là pour se plaindre, et personne n'osera s'avouer semblable à Néron, tandis qu'il y a toujours un Pape, avec qui les rois ont toujours des affaires. De même, Frédéric voulait donner comme une des causes de succès d'Alexandre VI, avec « le contraste de l'ambition française et espagnole, la désunion et la haine des familles d'Italie, les passions et la faiblesse de Louis XII, » « les sommes d'argent qu'extorquait Sa Sainteté et qui la rendirent très puissante. » Voltaire tolère la « faiblesse » de Louis XII, mais ne supporte pas ses « passions, » et surtout ne saurait souffrir qu'il soit fait allusion aux exactions et extorsions d'un Pape, fût-ce Borgia, fût-ce Alexandre VI ! Partout et surtout il s'attache à « christianiser » la prose royale. Si Frédéric avance quelque part que « le peuple aimera mieux un prince *incrédule*, mais honnête homme... qu'un orthodoxe scélérat et malfaisant, » un prince incrédule, fi donc ! Voltaire ne l'accepte que « sceptique. »

Envers les Etats temporels, il a, pour les mêmes motifs, les mêmes attentions. Frédéric avait écrit : « Une certaine Puissance, dans un manifeste, déclare positivement les raisons de sa conduite, et elle agit ensuite d'une manière qui était tout opposée à ce manifeste. « C'était, directement et personnellement, viser l'empereur Charles VI. Maladresse et provocation. Voltaire estompe le contour : « on voit quelquefois des Puissances... » A la première lecture, manuscrit remis au libraire van Duren, il avait laissé passer des choses qu'à la seconde, interprétant mal les résistances de l'auteur, il rejette rigoureusement. Par cette double distillation, et au moyen de quelques raccords, avec, de place en place, un replâtrage, généralement historique, est obtenu le texte publié chez Pierre Paupie, qui est presque autant de Voltaire que de Frédéric. Dans la forme, le livre n'y perd pas, il y gagne ; il est moins trainant, moins pesant, débarrassé de ses semelles de plomb, plus vif, plus facile. Quant à la valeur même de l'*Antimachiavel*, comme œuvre de critique morale et politique, elle n'y a ni perdu ni gagné. Après comme avant Frédéric et Voltaire, le machiavélisme est demeuré debout, si, en son fond perpétuel et universel, il se réduit à cette définition réaliste de la politique : « l'art de plier soit les hommes aux choses, soit les choses aux hommes et de conformer les moyens au but. » L'erreur est venue justement d'avoir voulu, contre Machiavel, faire œuvre tout à la fois de critique morale et de critique politique, autrement dit, d'avoir réuni ce que Machiavel a séparé, et de s'être ainsi trompé sur la nature, l'objet, et le caractère du machiavélisme. C'est ce qu'un Allemand, qui ne saurait être accusé d'irrévérence pour la mémoire du roi de Prusse, le célèbre professeur Robert de Mohl, a constaté dans ce jugement : « D'une véritable réfutation de Machiavel, il n'y en a proprement pas un mol ; bien plutôt, tout le travail du prince n'est-il qu'un grand malentendu ; » en bon français, ce n'est qu'un long contresens.

Le machiavéliste, en effet, ne regarde pas à la qualité morale des moyens, il n'en fait pas une question de conscience ; il n'épilogue pas pour savoir si tel ou tel les emploierait, ni si lui-même n'en préférerait pas d'autres : si le succès est au bout ils sont bons, et ils ne valent rien s'ils ne réussissent pas. Ce n'est point qu'il y ail deux morales, mais c'est qu'en politique, pour Machiavel, il n'y a point de morale, ou que la politique est une chose, et la morale une autre chose. — Tu veux aller là, en voici le plus court et le plus sûr chemin. Maintenant ton âme en pâtira-t-elle ? Ce n'est pas affaire à moi, ton conseiller, mais affaire à ton confesseur. Et si tu sais ce qu'est la politique, si tu es sage, ai tu es fort, si tu es le Prince, tu feras appeler ton conseiller avant, et tu ne feras appeler ton confesseur qu'après. Voilà la pure essence de la doctrine machiavélique, qui, pour user d'une formule devenue banale, n'est pas immorale, n'est pas morale, est amorale : la politique est une géométrie. » Voilà pourquoi aussi, lorsqu'il fit l'Allemagne, Bismarck, mais d'abord Frédéric, quand il fit la Prusse, furent de grands machiavélistes. On se rappelle le trait aigu de Voltaire, dans ses *Mémoires*, alors qu'en dix-neuf ans de règne, le Roi avait déjà pu se faire connaître à ses actes : « Si Machiavel avait eu un prince pour disciple, la première chose qu'il lui eût recommandée aurait été d'écrire contre lui. » Le fin du fin du machiavélisme, pour un prince de la qualité de celui-ci, aurait donc été d'écrire l'*Antimachiavel*. Mais sachons « dater nos justices, » suivant le précepte de Michelet. Nous parlons de 1740, et Frédéric vécut jusqu'en 1786. L'annexion de la Silésie est de 1744, le partage de la Pologne est de 1772. Antimachiavéliste et machiavéliste tour à tour ; antimachiavéliste comme prince, machiavéliste comme roi ; antimachiavéliste comme philosophe, machiavéliste comme chef d'Etat ; — machiavéliste bien plus souvent, bien plus profondément, bien plus spontanément qu'antimachiavéliste ; — le contraire absolu de lui-même dans son livre et dans sa vie, — il s'acquitta magistralement de réfuter sa réfutation.

II. PORTRAIT D'UN ROI

Il faut premièrement qu'il demeure bien entendu que Frédéric II fut un grand roi ; que l'histoire, à ne considérer que les résultats, n'a point exagéré en lui décernant ce titre ; qu'il serait également injuste et absurde de le lui marchander ; mais qu'il soit entendu aussi, deuxièmement, qu'il se fit grand par quelques-uns de ces moyens machiavéliques que, prince royal, il avait qualifiés d'*affreux*, de *scélérats*, de *criminels*. Un grand génie « et même du génie, » ce serait beaucoup dire : il manque le coup subit, la flamme, l'éclair et l'éclat, la foudre, l'illumination. On ne voit guère que de très grandes qualités poussées très loin et soutenues très longtemps ; de très heureux dons très patiemment cultivés, très habilement administrés ; une très remarquable constance de volonté dans une très remarquable variété d'aptitudes ; et, pour le situera son plan, sur l'échelle des grands rois et des grands hommes, plus de talent que de génie, une réunion de talents faits surtout de facilité : philosophe, historien, poète ou du moins rimeur, musicien, compositeur et exécutant, acteur ou lecteur et déclamateur ; mais ce ne sont là que ses petits côtés, quelque intéressants qu'ils puissent être ; ce n'est pas par-là qu'il est grand. Il n'est Frédéric le Grand que comme politique et comme général ; et là, soit comme l'un, soit comme l'autre, dans la paix et dans la guerre, l'Anti-Machiavel est pleinement, intégralement machiavéliste.

J'écris ce mot sans blâme ni défaveur. Je le prends en son acception non vulgaire, mais scientifique, non conventionnelle, mais réelle, non sentimentale, mais vraie. Je dis donc, et je voudrais le prouver, que l'ennemi de Machiavel, inconsciemment ou consciemment, d'instinct ou par combinaison, de son libre choix ou contraint par la force des choses, agit, dans toutes les circonstances déterminantes de sa vie, comme s'il eût été ce disciple de Machiavel que la rancune de Voltaire insinue qu'il pourrait bien avoir été, ayant pris la précaution de renier d'abord le maître, pour mieux le suivre.

Macaulay semble, en une certaine mesure, s'être associé à un tel jugement :

« A force de discourir sur la modération, la paix, la liberté, le bonheur qu'un bon cœur trouve dans le bonheur des autres, » le prince royal « avait trompé des hommes qui auraient dû savoir à quoi s'en tenir. Ceux qui le jugeaient le plus favorablement espéraient un Télémaque à la mode de Fénelon. D'autres prédisaient l'approche d'un siècle des Médicis, d'une ère favorable à la science et aux arts, et peu hostile aux plaisirs. Personne ne soupçonnait qu'un tyran, doué de talents extraordinaires pour la guerre et la politique, d'une persévérance plus extraordinaire encore, sans crainte, sans foi et sans miséricorde, venait de monter sur le trône. »

Tout le monde pourtant n'avait pas été dupe. Ce bon vieil Hercule de Fleury, « petit prêtre nonagénaire, » que Voltaire et Frédéric s'efforçaient à qui mieux mieux d'habiller en radoteur, glissait dans son compliment l'expression de son inquiétude. Un « siècle des Médicis, » c'est très bien, — pourvu que cela dure ! Télémaque, excellent jeune homme, — pourvu qu'en vieillissant, il ne devienne pas Ulysse fécond en ruses !

« Je ne savais pas que le précieux présent que m'a fait Mme la marquise du Châtelet de l'*Anti-Machiavel* vînt de vous ; il ne m'en est que plus cher, et je vous en remercie de tout mon cœur, écrit le cardinal à Voltaire… Quel que soit l'auteur de cet ouvrage, s'il n'est pas prince, il mérite de l'être, et le peu que j'en ai lu est si sage, si raisonnable, et renferme des principes si admirables, que celui qui l'a fait sera digne de commander aux autres hommes, *pourvu qu'il eût le courage de les mettre en pratique.* S'il est né prince, il contracte un engagement bien solennel avec le public ; et l'empereur Antonin ne se serait pas acquis la gloire immortelle qu'il conservera dans tous les siècles, s'il n'avait soutenu par la justice de son gouvernement la belle morale dont il avait donné des leçons si instructives à tous les souverains. »

Imitons la retenue tardive de Voltaire et admettons que Frédéric, en composant *l'Anti-Machiavel*, « n'y avait point entendu tant de finesse. » La question est celle-ci : après avoir sincèrement confondu « le corrupteur des princes et le calomniateur du genre humain, » après avoir flétri en lui les fruits empoisonnés d'un enseignement détestable, « la rapacité, la perfidie, le gouvernement arbitraire, les guerres injustes, » Frédéric II fut-il « sans crainte, sans foi, sans miséricorde, » comme Macaulay l'en accuse, et le portrait de « l'empereur Antonin, » du « moderne Marc-Aurèle, » du « Salomon du Nord, » se trouve-t-il, à la fin, n'être qu'une copie, qu'un décalque du *Prince* ? — Les portraits de Frédéric abondent ; il n'y a qu'à en chercher un qui soit bien ressemblant et à le bien regarder. Mais peut être avais-je tort tout à l'heure de vouloir distinguer le roi et l'homme, ses grands et ses petits côtés, car le roi est toujours un homme, et sa grandeur même a toujours ses petits côtés. Voici d'abord le grand Frédéric peint par les autres, comme ceux qui l'ont vu du plus près l'ont vu ; on essaiera ensuite de le saisir sur le vif, en train de se peindre lui-même, sans poser.

Les *Mémoires pour servir à la vie de M. de Voltaire*, dans les conditions où ils furent rédigés, jetés au feu, sauvés du feu, dérobés, copiés, publiés, sont une source suspecte, troublée par l'agitation de la brouille et des faux raccommodements ; il vaut mieux n'y pas trop puiser. D'autres livres ou libelles de l'époque pèchent probablement aussi par excès soit de bienveillance, soit de malveillance, allant de la flagornerie au dénigrement : nous ne renonçons pas à en faire usage, mais nous n'y aurons recours qu'avec discrétion et après réflexion. Sur les images diverses qu'ils nous présentent, nous choisirons les lignes bien arrêtées, et qui, pareilles dans toutes, se rapprochant et se rapportant, se superposant, affirment le type et constituent la physionomie. Le point de perspective, celui d'où elle se dégage le plus exactement, est sans doute la postérité commençante, assez voisine pour ne rien perdre, assez éloignée pour ne rien préférer, et dont l'impartialité est faite d'indifférence, surtout lorsque, regardant du dehors, elle joint au recul du temps le recul de l'espace. L'esquisse de Macaulay peut par conséquent nous fournir « le dessous. » Des témoignages plus directs, dûment pesés et contrôlés, aideront, au fur et à mesure que le dessin apparaîtra, à y ajouter quelques touches.

Si Frédéric le Grand est le sommet, le faîte où s'élance l'arbre généalogique dont le tronc portait déjà un premier Frédéric II de Brandebourg, un vieux Frédéric II du XVe siècle, dit Dent de Fer, Albert l'Achille, Jean le Cicéron, et Joachim le Nestor, moralement et intellectuellement, il s'insère à sa place dans la série : en lui s'épanouit la race, après son père le roi-sergent, après son grand-père Frédéric Ier, premier roi de Prusse, après son arrière-grand-père, le Grand Electeur. Par ses dons et par ses lacunes, par ses qualités et par ses défauts, il est le fils et le petit-fils de leur sang et de leur esprit. « Le fond du caractère était le même chez tous deux (Frédéric-Guillaume Ier et Frédéric II). Ils avaient en commun l'amour de l'ordre, l'amour du travail, les goûts militaires, la parcimonie, l'esprit impérieux, l'humeur irritable jusqu'à la férocité, le goût de peiner et d'humilier les autres. » (Macaulay.)

Un volume de poche, — presque un almanach, — intitulé *Frédéric le Grand, contenant des anecdotes précieuses sur la Vie du roi de Prusse régnant, d'autres sur ses amis et ennemis, ainsi que les portraits de la famille de Sa Majesté* ; A Amsterdam, chez les héritiers de Michel Rey, 1785, n'est pas du tout à négliger, quoique frappé néanmoins de quelque suspicion, du fait qu'il annonce : « Cet ouvrage peut faire suite aux mémoires sur la vie de Voltaire écrits par lui-même. » Il y a là dedans à prendre et à laisser, mais il n'est ni difficile d'y reconnaître ce qui n'est que du pamphlet, ni impossible de ne garder que le reste. On lit dans la première pièce et dès la première page de ce petit recueil : « Frédéric II règne depuis un demi-siècle. Comme particulier, c'est un homme extraordinaire.

II. PORTRAIT D'UN ROI

Ses goûts, ses talents, sa façon de vivre, offrent cent traits curieux, plaisants, instructifs. Un historien est à son aise. Il peut louer, blâmer, admirer, plaisanter, et ne jamais être infidèle à la vérité. »

Le physique est expédié en trois lignes. « De la taille de cinq pieds deux pouces ; assez proportionné ; pas trop bien fait ; quelque chose de gauche qui provient d'un maintien gêné ; » puis : « La figure tour à tour dure et agréable, mais toujours spirituelle. De la plus exacte politesse ; le son de voix le plus gracieux, même en jurant, ce qui lui est aussi familier qu'à un grenadier ; parlant plus correctement le français que l'allemand, et ne parlant jamais celui-ci qu'à ceux qu'il sçait ne pas comprendre l'autre. »

Grâce à ce document, ou à ces renseignements, reprenons ici et repassons point par point le crayon de Macaulay. Frédéric II a « l'amour du travail, » qui est une *vertu*, je dis une partie, un élément de la vertu, de la *virtù*, machiavélique. « Il se lève à cinq heures, travaille, ou, pour mieux dire, est seul jusqu'à six heures trois quarts. Il s'habille à sept. On lui remet alors lettres, placets, mémoires, et puis les lettres qui lui sont directement adressées. Il les décachète lorsqu'il n'en connaît pas l'écriture. Ses gens d'affaires entrent à neuf heures, car il n'a point de ministres. » Non seulement, comme Louis XIV, Frédéric est à lui-même son premier ministre, en réalité il est son seul ministre. Il n'a ni Mazarin, ni Colbert, ni Louvois, ni Torcy. Rien qu'un commis logé au second étage, dans la maison de ce personnage équivoque, Fredersdorff, l'ancien soldat de la prison de Custrin, devenu à la fois, d'après Voltaire, « valet de chambre et favori, » lequel commis arrivait chaque matin dans le cabinet du Roi, « par un escalier dérobé, avec une grosse liasse de papiers sous le bras. » Les secrétaires d'État envoyaient toutes leurs dépêches au commis du Roi. Il en apportait l'extrait : le Roi faisait mettre les réponses à la marge en deux mots. Toutes les affaires du royaume s'expédiaient ainsi en une heure. Rarement les secrétaires d'Etat, les ministres en charge, l'abordaient : il y en a même à qui il n'a jamais parlé. Raison et tort, avantage et inconvénient : « La plupart des vices de l'administration de Frédéric, note à ce propos Macaulay, peuvent se résumer en un seul, la passion de se mêler de tout. L'activité infatigable de son esprit, son caractère impérieux, ses habitudes militaires, tout le disposait à ce grand défaut. Il dressait son peuple comme il dressait ses grenadiers. » Aussi cette activité est-elle un peu brouillonne. Si le royaume n'en souffre pas davantage, si la Prusse s'en accommode, et si Frédéric II peut sans péril ne pas mieux la discipliner, c'est que « le roi son père avait mis un tel ordre dans les finances, tout s'exécutait si militairement, l'obéissance était si aveugle, que quatre cents lieues de pays étaient gouvernées comme une abbaye. »

« L'amour de l'ordre » était donc une vertu du père plus que du fils, qui se bornait en quelque sorte à entrer dedans, à glisser suivant le pli, et à se laisser porter par la vitesse acquise, à moins que, par « amour de l'ordre, » il ne faille entendre surtout « amour de l'économie, » parfaitement commun au père et au fils, à Frédéric-Guillaume Ier et à Frédéric II. Le fils, en effet, autrement que le père, mais autant que le père, est économe, très économe, « parcimonieux. » — « Il n'a à sa solde que des gens utiles et en état de bien remplir leurs emplois ; dès l'instant qu'il n'en a plus besoin, il les renvoie avec rien ; mieux servi que tout autre avec moins d'argent, donnant peu d'appointements à tout ce qui est grande charge de la Cour, qui sont toutes *in partibus* à peu de chose près, n'ayant dans tous ses Etats aucun gouverneur ni de province, ni de ville ; il commande seul dans les provinces ; et dans les villes ce sont les commandants des régiments qui y sont en garnison ; il ne paye aucun état-major de place : ces trois articles sont immenses chez les autres potentats. Dans ce qu'il appelle sa maison militaire il y a à Potsdam et à Charlottenbourg soixante cavaliers, à qui l'on a donné le nom de gardes du corps, qui n'ont que la paye et l'habillement de la cavalerie et reçoivent tout autant de coups de bâton… Il a un chancelier qui ne parle jamais, un grand veneur qui n'oserait tuer une caille, un grand maître qui n'ordonne rien ; un grand échanson qui ne sait pas s'il y a du vin dans la cave, un grand écuyer qui n'a pas le pouvoir de faire seller un cheval, un grand chambellan qui ne lui a jamais donné la chemise, un grand maître de la garde-robe qui ne connaît pas son tailleur ; les fonctions de toutes ces grandes charges étaient exercées par un seul homme nommé Fredersdorff, qui de plus était valet de chambre ordinaire de quartier, gentilhomme de sa chambre, et secrétaire ordinaire du Cabinet (on voit que Voltaire n'a point exagéré). Tous les grands sont payés avec le titre d'Excellence… Il n'a pas 130 chevaux, pas une seule voiture qui vaille 300 florins (ainsi « le vieux carrosse de parade », « l'énorme carrosse dédoré, » dont « le feu roi Frédéric-Guillaume, qui avait autrefois fait vendre tous les meubles magnifiques de son père, n'avait pu se défaire » à un prix acceptable, qu'on avait envoyé au-devant du marquis de Beauvau lorsqu'il vint complimenter le nouveau roi en novembre 1740, et que des heiduques gigantesques, chevauchant aux portières et se donnant la main par-dessus l'impériale, se tenaient prêts à soutenir, en cas qu'il tombât. « Feu son père aimait la chasse et avait un équipage vaille que vaille et celui-ci, à son avènement au trône, voulut le réformer Le grand veneur représenta que c'était un bénéfice pour le Roi et continua de faire vendre le gibier comme par le passé. »

Au bout du compte, cette parcimonie met Frédéric à même d'entreprendre des bâtiments magnifiques, au moins par leurs dimensions et le luxe qu'il y étale : la nouvelle église du Dom, les Invalides, la Bibliothèque, les embellissements de Charlottenbourg et de Potsdam, la maison de Sans-Souci, avenues, jardins, berceaux, colonnades, architectures grecques et romaines, et de les payer régulièrement, sans faire de dettes, avec les ressources limitées d'un Etat qui n'est pas très vaste et qui n'est pas très riche. Merveilles de « l'amour de l'ordre ! » Par surcroit, le Roi se donne ainsi un air de libéralité, qui est l'un de ses faux semblants. Les autres sont ceux de la justice et de la pitié. Fausses apparences, faux semblants, et ceux-là, ou celles-là même, nous voilà en plein machiavélisme. Ce n'était pas la peine d'écrire l'Anti-Machiavel, ou plutôt c'en était la peine, c'est encore un faux semblant de plus. « Il affecte bien de paraître juste, généreux et compatissant, dit notre petit livre, mais cela n'empêche pas qu'il ne soit d'un caractère fort bizarre et très dangereux, ayant un goût si décidé pour le faux et pour le méchant, qu'aucun homme de probité ne peut se conserver dans son esprit, et on a souvent observé que, quand un tel lui est d'abord revenu beaucoup, il ne s'est pas plus tôt aperçu que c'était un homme droit et honnête qu'il s'en es dégoûté. » Ceci, à la vérité, ceci déjà et ce qui suit, n'est que d'un machiavélisme inférieur. Le prince, au contraire, pour la conduite de ses desseins, doit se faire un rempart d'hommes droits et honnêtes : plus ses voies sont tortueuses, plus il lui convient de cheminer sous le couvert du juste. Pour Frédéric, « il n'y a que les gens artificieux, rampants, qui n'ont ni sentiment, ni religion, qui prospèrent auprès de lui ; il a même la faiblesse d'être sensible aux plus basses flatteries, il faut avouer aussi qu'il donne souvent à gauche, et qu'avec tout le brillant, et toute la pénétration, son esprit a quelquefois des écarts qui, avec un peu moins de fortune qu'il n'a eu jusqu'ici, lui auraient déjà pu attirer la ruine totale. »

Mais, jusqu'ici, « il a eu la fortune, » il s'est fait aimer d'elle, et c'est quand même un grand signe d'élection machiavélique, à la condition toutefois de ne point s'y abandonner. Les succès étonnants dont la Providence divine, pour le châtiment des uns et pour le bonheur des autres, a jusqu'à présent accompagné ses entreprises les plus hasardeuses, l'ont tellement enflé et enorgueilli, qu'il se méconnaît souvent, et qu'il se croit tout permis et tout possible. Toute sa famille, avec lui, croit à sa chance, à son étoile. Son frère, le prince Henri, l'en félicite ; « Il semble que personne à cent lieues à la ronde ne puisse faire une faute ou une sottise qui ne tourne à l'avantage de Sa Majesté. »

Aussi bien n'est-on jamais aimé à ce point de la fortune qu'on ne l'ait un peu mérité. En ce sens, le bonheur même est de la vertu, — toujours comme la comprenait Machiavel. — Une bonne marque machiavélique, c'est le secret : don suprême de César Borgia, gage et présage de César, *Cæsaris omen*. Le prince est secret, très secret. *E segreto, segretissimo.*

« Il est impénétrable, et ne demande conseil à personne, ne communiquant ses idées aux ministres que quand il ne peut plus s'en dispenser, pour les voir exécutées. » Il regarde tout près, et voit tout de suite le présent le plus présent, le prochain le plus prochain, lui. » Quand il forme son système, ce n'est qu'accidentellement qu'il l'ajuste à l'intérêt permanent de sa maison, sa gloire personnelle étant toujours son but principal. » Sa façon de penser, originale, personnelle, le rend impossible à deviner. « Les politiques perdent leur latin avec lui, on ne peut guère raisonner conséquemment avec lui. Il a trop de rats et trop de singularité dans sa manière d'penser. » Il est, — autres vertus théologales du parfait machiavéliste, — grand dissimulateur, puisqu'il ne montre pas son jeu, et grand simulateur, puisqu'il se couvre de faux semblants. Le seul qu'il n'affecte pas, ou qu'il ne puisse porter longtemps, c'est le faux semblant de la piété. Il est franchement, brutalement irréligieux, sauf, à peine, quelques étincelles, aux minutes de désespoir. « M.

de Bülow, ministre de Saxe, dit en badinant qu'on ne craint guère le bon Dieu à Berlin, mais les Russes beaucoup ; depuis qu'on a parlé de leur marche comme d'une chose certaine, on a remarqué que le Roi a eu de certaines inquiétudes et rêveries, telles qu'il a coutume d'avoir, quand il mitonne quelque grand projet. « Toutes les autres apparences, il se les donne et il prend toutes les autres attitudes machiavéliques : celle surtout de la générosité reconnaissante ; et ce ne sont, — là réside le machiavélisme, — que des attitudes, que des apparences.

« Les libéralités tout nouvellement faites aux veuves et orphelins des soldats tués à la guerre ont plutôt paru un moyen prodigue d'encourager les troupes que l'effet d'un bon cœur, et d'une âme généreuse. » On s'en aperçoit : ce n'est donc pas de l'ouvrage très bien fait ; c'est un peu gauche, cela manque un peu d'art.

Mais où Frédéric II pèche gravement contre le Manuel du Prince, c'est quand il tombe en ce travers, en cette faiblesse de méconnaitre, de mépriser ses adversaires, ceux de tous les hommes qui pour un prince sont le moins à ignorer ou à dédaigner. Ainsi le monarque prussien n'a jamais eu une idée juste de la France… Il a considéré ce royaume comme une bande de jeunes gens qui font une éternelle partie de plaisir et a cru bonnement que les finances, les lois, la guerre étaient abandonnées à un certain nombre d'hommes adroits et intrigants, qui les faisaient servir à l'amélioration de leur fortune. De même pour « les Bataves, les Anglais, les Américains. » Néanmoins, il n'a pas eu la même indifférence pour la Porte et plusieurs fois ses émissaires secrets ont été chargés d'aller à Constantinople épier les secrets du Divan. En 1759 il en envoya un qui fit la route par terre, mangea son argent avec des Circassiennes, revint raconter à Potsdam un tas de fictions assez peu vraisemblables et enleva la maîtresse d'un prince avec laquelle il se sauva. « Ce mépris des hommes le conduit à égarer sa confiance : Frédéric a trop souvent employé ses escrocs plénipotentiaires (sic). Ses mauvais choix avaient deux sources. La première était une économie mal placée, et la seconde la persuasion que tous les hommes sont égaux. »

Il est vrai qu'à en croire les médisants, les souverains à qui il avait affaire lui faisaient la partie belle en ne choisissant pas mieux que lui. « Ce qui fait le plus de sensation à Berlin, c'est le vénérable corps diplomatique qui ne sait pas un mot de ce qui se passe chacun dans leur Cour et qui, de peur qu'on ne devine qu'ils ne sont pas initiés dans les secrets du cabinet, ergotent toute la journée à tort et à travers sur l'intérêt des Puissances qu'ils n'entendent pas plus que moi. Il s'ensuit de là une confusion d'idées et un charivari politique qui rend les conversations fatigantes. Si je me hasarde à lancer ce brocard contre ce respectable groupe, je dois ajouter, pur égard pour la vérité, que lorsqu'ils ne font pas les ministres, plusieurs d'entre eux sont des hommes très aimables, et dont les maisons offrent de grandes ressources à la société. »

Ce n'est pas que ces diplomates manquent de moyens, loin de là ; mais, justement, le Roi ne les aime pas de cette sorte : devant eux, il faut qu'il se surveille : « La plupart des souverains ont imaginé d'envoyer pour ministres à S. M. des gens d'esprit ; et l'on a remarqué que c'est précisément ceux auxquels il n'a point parlé. La France entre autres choisit le duc de Guignes qui était séduisant et jouait bien de la flûte. Le Roi n'a pas voulu avoir cette double rivalité, et l'ambassadeur français ne fit autre chose à Berlin que l'amour aux belles Dames et des épigrammes sur de vilains messieurs. » L'Anglais « Milord Tirconel, l'un des plus aimables hommes de son siècle, et un très honnête homme, qui pis est, n'a jamais eu plus d'une minute d'audience. Le Roi disait de lui qu'*il n'avait point d'esprit, mais que les replis de son cœur étaient assez bien développés pour dépayser longtemps ceux qui en avoient plus que lui.* »

L'Anti-Machiavel rend encore hommage au machiavélisme quand il professe ou accorde, ou bien a l'air d'accorder, que ce qui fait la qualité d'un acte, en dehors de sa valeur morale, bien ou mal, c'est le bénéfice qu'on en relire. « Ce monarque a eu d'étranges idées sur l'avantage dont était la probité à un souverain. Ou lui disait un jour d'un de ses ministres : L'intérêt est la base de son caractère, il n'est pas capable de prononcer une sentence contre les gens obscurs ; mais cent ducats, ou de riches bagatelles ne le trouvent guère inaccessible, pourvu qu'il ne voye pas un danger prochain d'être découvert. *Qu'est-ce que cent ducats*, dit le Roi, *et peut-on appeler intéressé celui qui se contente d'une aussi misérable somme ?* » Dans le même sens : « Le roi de Prusse mit en fermes héréditaires, il y a un certain nombre d'années, tous ses domaines. Tout le monde s'empressa d'en avoir. Un de ses conseillers lui proposa d'employer à cette opération une partie des fonds de sa caisse particulière.

Il faudrait être bien dupe, répondit-il, *pour en placer sur des objets aussi litigieux.* » Ou encore : « On faisait souvent des remontrances au Roi pour faire des changements dans sa monnaie. *Qu'importe*, disait le Roi, *que ma figure soit sur de l'or ou sur du cuivre doré, puisque tout le monde veut bien s'en contenter* [1] ? »

Frédéric II « machiavélise » souvent en ses propos, en ses bons mots. Lorsqu'on lui raconta la révolution de Danemark :
— *Struensee est un sot*, dit-il, *on ne couche avec les Reines que lorsqu'elles règnent et qu'on est généralissime de leurs troupes.* » —
— « Un homme extrêmement flatteur et passablement adroit dans ses louanges faisait un jour une harangue au Roi aussi longue que celles de Démosthènes, et presque aussi éloquente. Il pesait surtout avec complaisance sur l'amour des Berlinois pour leur monarque. Frédéric recule de trois pas et, enfonçant son chapeau, il répond avec le ton d'un déclamateur :

Croyez-moi, les humains, que j'ai trop su connaître,
Méritent peu, monsieur, qu'on daigne être leur maître. »

Excepté la richesse, il estime peu de chose, et c'est tous les humains, ou presque, à qui il pense que l'on fait trop d'honneur en les tyrannisant : « On proposait au roi de Prusse d'accepter les offres d'un riche Saxon qui voulait, pour quelques titres honorifiques, venir s'établir dans ses Etats ; il y consent et le nomme chambellan. — Sire, lui dit-on, il est fort riche. — *Eh bien ! il faut lui donner l'Excellence.* — Il a cinquante mille écus de rente. — *Faisons-le grand maréchal.* — Et de superbes terres qu'il possède dans la Lusace. — *Dites à la Chancellerie qu'on lui expédie un diplôme de Prince.* » A tout le monde Frédéric est indifférent : On a reproché au roi de Prusse les laquais parvenus, et sa manière de vivre avec ses heiduques. — *Noé est leur grand-père et le mien*, dit-il, *c'est la confiance et non la familiarité qui a des inconvénients.* »

C'est là assurément de l'esprit machiavélique. On dirait ces réponses extraites du recueil de reparties par où se termine la *Vie de Castruccio Castracani*. Tel le plus raffiné des *condottieri*, il use de la langue comme d'un poignard. Il aime cette escrime, qui, même à arme mouchetée, marque la touche, fait sentir la piqûre.

---

1 *Faits divers pris dans la conversation des gens qui ont été à même de connaître Potsdam.*

Parfois il assassine sous le masque. « Il parut… une lettre en public qui ne se débitait qu'en cachette et qui faisait des plaisanteries sur l'accouchement imprévu d'une Grande-Duchesse. Quand tout le monde eut pris copie de cette lettre, le Roi la fit défendre. On a su depuis qu'il s'était jugé lui-même. »

Sa raillerie est dure et n'épargne personne. Rien ne lui est sacré. Mais il est cérémonieux et enveloppe sa grille d'un gant de velours. « Un roi poli, timide même, grand faiseur de révérences, ne se fait aucun scrupule d'immoler à sa table des victimes. Il a demandé à des femmes des nouvelles de leurs bâtards, a parlé de leurs victoires à des princes qui n'avaient jamais vu tirer un coup de fusil. Il y a une espère de lâcheté à accabler ceux qui ne peuvent ni ne doivent répondre. »

* * *

Ce dernier trait est l'un des plus accusés chez le roi de Prusse, s'il n'est pas essentiellement d'un machiavéliste. Macaulay ne s'est point fait faute de le marquer, et il l'a mis en haut relief, sur le fond d'impiété et sous la couleur de libéralité ou de libéralisme qui sont deux des caractéristiques principales de la figure de Frédéric.

A ses soupers, « la conversation roulait habituellement sur l'absurdité de toutes les religions connues, et l'audace avec laquelle ou traitait… les noms et les doctrines vénérés par toute la chrétienté, surprenait même des personnes accoutumées à la société des libres penseurs français et anglais. Cependant on ne trouvait, dans cette brillante compagnie, ni vraie liberté, ni vraie affection. Il possédait, à la vérité, beaucoup de qualités qui pouvaient séduire au premier abord, sa conversation était animée ; ses manières étaient même caressantes, quand il voulait plaire. Jamais homme ne réussit plus parfaitement adonner à ceux qui l'approchaient le vague espoir de quelque grande marque de bonté. » Et cela est proprement machiavélique, ou plutôt, cela est d'une politique élémentaire, et Guichardin l'enseigne tout comme Machiavel. « Mais, sous ce bel extérieur, Frédéric était un tyran soupçonneux, dédaigneux et malveillant. Il avait un goût qu'on peut pardonner à un gamin,… le goût des méchantes plaisanteries en action. Un courtisan aimait-il la toilette ? On jetait de l'huile sur son plus riche vêtement. Aimait-il l'argent ? On inventait quelque folie pour lui faire débourser plus qu'il ne pouvait mettre de côté… Frédéric était habile à découvrir les faibles des autres, et il aimait à communiquer ses découvertes. Il savait lancer un sarcasme… Sa vanité, aussi bien que sa méchanceté, trouvait plaisir à contempler la confusion et le chagrin de ceux qui étaient victimes de ses plaisanteries mordantes… On ne savait comment agir avec lui ; c'était la plus embarrassante de toutes les questions. Si l'on se montrait gêné en sa présence, on désobéissait à ses ordres, et on gâtait son plaisir. Si cependant ses compagnons se laissaient aller à la familiarité d'une intimité cordiale, le Roi ne manquait pas de punir leur présomption par quelque cruelle humiliation… A ses yeux, ceux qui se révoltaient étaient des insolents et des ingrats ; ceux qui se soumettaient étaient des roquets faits pour recevoir avec une patience également servile des os et des coups de pied. Il est difficile d'imaginer aucune raison, à moins que ce ne fût la rage même de la faim, qui ait pu décider aucun homme à supporter cette misère d'être le compagnon du grand Roi. » Le poste n'était pas lucratif… « Je n'hésite pas à dire que le plus pauvre auteur de l'époque, vivant à Londres, couchant sur un grabat, dinant dans une cave… se faisant une cravate de papier et n'ayant qu'une grosse épingle pour tout bijou était plus heureux qu'aucun des hôtes littéraires de la cour de Frédéric. »

Là-dessus, les détracteurs du Roi et ses panégyristes sont d'accord ; chacun, à son tour, en a trop souffert ! Les souvenirs de Dieudonné Thiébault confirment, sur ce point, les assertions de Voltaire, que corroborent d'autre part les *Mémoires* de Henri de Catt. Ce M. de Catt était un Suisse, de Morges sur le lac de Genève, qui, pendant près d'un quart de siècle, fut à Frédéric II ce que Moritz Busch fut à Bismarck : c'est dire qu'il ne se coucha pas un soir de ces vingt-quatre années sans avoir pieusement noté tout ce que le Roi lui avait dit, même les injures. Le grand Frédéric peint par Henri de Catt, c'est donc le grand Frédéric peint par lui-même. Or, j'ai jeté en notes, au courant d'une rapide lecture : « Propos cyniques, souvent orduriers ; — manque absolu de sincérité ; — cabotinage littéraire ; — *il la fait au suicide* (pardon pour cet argot qui seul traduit exactement l'impression ressentie) ; — railleur cruel, a besoin d'humilier et de faire souffrir. » Un jour d'avril 1758, il fit appeler le capitaine Guichard, sa victime de prédilection, qui entra : « Avez-vous vu, monsieur, les travaux faits du siège ? — Non, pas encore, sire, je les verrai demain. — Mais, monsieur le capitaine, il ne faut jamais renvoyer à voir demain ce que l'on peut voir la veille ; pour un nouveau débarqué, vous avez bien peu de curiosité, monsieur le capitaine. » Le Roi appelle ses gens. Entre alors un grenadier du premier bataillon, qui met, dans la chambre du Roi, sans dire mot, tout l'attirail d'un soldat. Le grenadier se retire. « Vous m'avez dit à Grüssau qu'un soldat romain portait bien plus que les nôtres ; comme il ne faut pas décider à la légère, j'ai fait apporter ici tout l'attirail d'un soldat prussien, pour que vous vous convainquiez vous-même si votre décision est juste. »

« J'étais inquiet pour le pauvre capitaine, que je croyais bien qu'on allait persifler. En effet, le Roi le plaça au milieu de la chambre, le fit tenir comme un soldat que l'on dresse, lui releva le menton, lui mit le chapeau comme il devait être, le lui enfonçant bien dans la tête, le ceignit du sabre, lui mit la giberne où il y avait soixante cartouches, le havresac, lui donna le fusil, en le lui faisant tenir comme il fallait. Après avoir ainsi affublé le capitaine, Sa Majesté lui dit d'un ton riant : « Il faut convenir que vous êtes bien, vous m'avez vraiment l'air d'un soldat prussien, vous verrez que vous le préférerez à vos Romains ; n'est-ce pas, Catt, que le capitaine a l'air d'un vrai soudât, comme dit le marquis (d'Argens) ? »

« Je ne répondais point, le Roi put voir à mon visage que cette farce me peinait et pour celui qui la jouait et pour celui qui la faisait jouer.

« Mais vous ne riez pas ? me dit-il. — Non, Sire. — Et pourquoi ? — Parce que M. Guichard me paraît pâle. — Oh ! pâle, c'est du plaisir qu'il ressent de se voir comme un grand grenadier ; mais je veux vous lire une lettre que je reçus hier soir de La Haye, d'un homme de conséquence. »

Lecture de la lettre tout au long et longue dissertation, le pauvre Guichard étant toujours dans la position du fantassin avec les armes et le fourniment complet : « Enfin, après trois quarts d'heure d'une séance si pénible à tant d'égards pour le capitaine, Sa Majesté fut à lui et ôta elle-même tout l'attirail dont il l'avait chargé. —

« Eh bien ! monsieur, trouvez-vous que la charge de mes soldats est passable, croyez-vous qu'elle approche de celle d'un soldat romain ? — Je le crois, répondit-il d'un air triste et rêveur, qui me fit une peine infinie. — A présent, nous allons faire, monsieur, de grandes marches. J'espère que vous conviendrez qu'elles seront aussi fortes que celles que les Romains ont faites et que vous verrez des opérations dont ils n'avaient et ne pouvaient avoir une idée. — Adieu, monsieur, soyez un peu Prussien, et vous aurez lieu d'être content de moi. »

« Ma séance finie, ajoute cette bonne âme d'Henri de Catt, je me rendis chez moi, où je trouvai M. le capitaine Guiehard, qui m'attendait pour me parler de ce qui venait de lui arriver. « Le Roi ne vous a-t-il rien dit ? — Rien, mais il m'a paru triste de l'épreuve à laquelle il vous a soumis. — Lui triste ? croyez-moi, il n'est susceptible ni de tristesse, ni d'humanité, je le dégrade de son titre de philosophe. Le Salomon de l'Orient ne se serait pas conduit ainsi, il faut être un Salomon du Nord pour voir de sang-froid un honnête homme souffrir, comme je l'ai fait ; ses soldats ne valent pas les soldats de l'ancienne Rome. — Pensez cela, mais ne (le) lui dites jamais plus, craignez une nouvelle expérience. — Tibère ne m'aurait pas tenu ainsi une heure en faction ! »

Mais écoutons Frédéric à travers la transcription de M. de Catt, et dans ces libres entretiens, — libres du moins pour lui, — continuons à relever les traces de machiavélisme. N'en est-ce pas, de sa part, de dire : « L'étude dans laquelle je suis le moins versé est la politique, c'est une étude de tromperie peu faite pour mon caractère. » — En voici sûrement, et du meilleur (nous ne le jugeons pas en morale), de l'extrait de César Borgia : « Je cache mes vues souvent à ceux qui m'entourent, je les trompe même, parce qu'en les soupçonnant, ils pourraient en parler sans en voir les conséquences, et j'en souffrirais, je ne puis me sauver que par le secret. » — « Ses ennemis ont été nombreux et puissants, dira-t-on de lui. Il a vaincu les uns, trompé les autres. » Il trompe donc amis et ennemis. « Il faut savoir gré aux Rois même de ce qu'ils veulent prendre la peine de nous tromper. » — Mais ce n'est pas tromper que tromper un trompeur. *Fallacem fallere non est fallacia.* Il trompe tout le monde, en toute chose, pour tout motif, et il s'en amuse. Au besoin, il se fait affable pour mieux tromper. « Personne

Charles Benoist

ne fut plus caressant que Frédéric quand il le voulut, plus adroit, plus aimable. C'est la sirène la plus enchanteresse. »

Prince royal, il est allé à Strasbourg, incognito, sous le nom du comte du Four, « riche seigneur de Bohême. » Plus tard, il conte ainsi son aventure :

« Ayant fait plusieurs connaissances dans cette ville, je les invitai à dîner ; le duc de Broglie, qui apprit cette invitation, dit à quelques-uns des invités : « Au moins, messieurs, prenez garde, c'est un étranger qui vous invite pour jouer et pour gagner votre argent. » Dans une société où l'on m'invita, on me proposa une partie de jeu. « Je ne joue point, messieurs ; mon père, en me permettant de voyager, me défendit absolument de jouer quelque jeu que ce pût être ; je suis un fils trop respectueux pour ne pas suivre les ordres de mon cher père. » On rapporta ce trait au duc de Broglie. « Oh ! c'est une finesse, je vous le répète, prenez garde à vous. » Un diable de tambour, qui avait été dans un régiment à Potsdam, me reconnut et dit au duc : « Cet étranger, monseigneur, est le roi de Prusse. — Tu es un imposteur, cela n'est pas vrai. — Rien de plus vrai, monseigneur. » Le duc me fit inviter de passer la soirée chez lui avec une société choisie : en arrivant, je vis mon duc dans le coin de sa chambre, tenant le tambour par le bras, et lui disant de façon que je pus l'entendre : « Maraud, parle, est-ce bien là le roi de Prusse ? — Mais oui, monseigneur, oui, c'est lui-même ! » — Alors, le duc vint à moi, d'un air très grave : « Je suis maréchal, j'ai un ordre comme vous le voyez, et j'ai vu les meilleurs gouvernements de la France, on assure que vous êtes le roi de Prusse, cela est-il vrai ? — Moi, roi ! monsieur ? vous vous moquez de moi, je suis un bon et honnête gentilhomme à qui son père a permis de voir les grandes villes et de grands hommes, comme M. le maréchal. — Eh bien ! vous êtes son frère. — Je vous assure que non. — Vous le connaissez donc ? — Pas mieux que vous pouvez le connaître. — Madame, mais voyez comme l'on peut mentir ! » s'écria le maréchal, en lançant des regards furieux sur le pauvre tambour qu'il avait forcé de rester dans le coin de la chambre. Je n'en lis pas à deux (fois), je sortis quelques instans après, et je partis tout de suite. »

Il ne se fie du reste pas mieux aux autres qu'il sait ne pas mériter qu'on se fie à lui-même. Lisant, dans l'*Iphigénie en Tauride*, de La Touche, ces deux vers :

Qu'avec étonnement il apprenne d'un roi
Jusqu'où de l'amitié s'étend l'auguste loi.

« Monsieur de La Touche, Monsieur de La Touche, s'écrie-t-il, il ne faut guère se fier à ces bougres-là ! « Ailleurs : « En général, mon cher, les princes sont de la canaille, on se gâte avec eux, ne le croyez-vous pas ? » — Vilain métier que le leur, où, comme dans tous les autres, « il faut de l'adresse et de la ruse. »

Frédéric est plein de dédain pour la philanthropie de Voltaire. « Il me disait un jour (Voltaire) : — Mais, Sire, quand vous combattez, n'êtes-vous pas en fureur ? — Non, sans doute, c'est alors qu'il faut le plus de tranquillité, et avoir, si cela se peut, la tête froide de Marlborough, *cold head*. — Mais vos combats, vous les appelez des actions héroïques : de bonne foi, Sire, ne sont-ce pas des actions de cannibales ? Quelle distance de vous à nous ! Vous détruisez le monde et nous l'éclairons ; ce qui vous sauve, vous surtout, du cannibale, c'est que vous avez comme moi des principes de morale et que nous les suivons, vous en grand homme, et moi en humble admirateur de Votre Majesté. » Chez lui, l'apparence de la franchise est du calcul encore : « Je sais bien que nous autres Don Quichottes faisons parfois de lourdes bévues, j'avoue galamment, et cet aveu facilitera la croyance des bonnes choses que j'aurai faites. »

Mais c'est peu de dire qu'il ne se fie point aux autres et qu'il sait qu'on ne se fie pas à lui : lui-même ne se fie à lui-même que sous bénéfice d'inventaire : « Je me suis tenu sans cesse en garde pour que mon esprit fût le moins possible la dupe de mon cœur et celui-ci la dupe de l'autre. »

Il faut, pour qu'un roi se possède, qu'il connaisse les hommes. Et « le grand point pour connaître les hommes est de connaître leur goût, leurs opinions, leur endroit faible, car nous en avons tous ; ce faible est la corde du clavecin qu'il faut pincer, si l'on veut avoir le son qu'on souhaite. » — « Tachons de connaître les hommes et prenons-les pour ce qu'ils sont. Souvent, en examinant les hommes, j'apprends, par de simples bagatelles, à les connaître à fond ; je vois ce fond dans les choses les plus légères, qui échappent à ceux qui ne sont pas faits à observer, qui ne voient dans ces choses légères que des choses qui ne signifient rien. »

Être bon, oui, sans doute, si tous les hommes étaient bons ! « La bonté, dans un prince, est sans doute une grande vertu ; mais si elle n'est pas jointe à une grande fierté d'âme, si elle nous abandonne à tous les discours que des quidams veulent nous tenir, si elle nous livre sans examen à des liaisons dangereuses, si elle nous fait tout voir, tout sentir, tout entendre, ce que ceux qui nous entourent désirent que nous entendions ou que nous voyions, — mon ami, mon ami, cette bonté-là devient pire que la tyrannie, ou, comme ce mot vous paraîtra odieux, pire que la plus grande dureté de cœur. »

Plus jeune, quand il n'était que prince philosophe, attendant la couronne, il ne s'en est pas défendu :

« Je me suis... laissé aller pendant le temps de ma jeunesse à des liaisons faciles ; je croyais... que ceux que je choisissais pour ma société ne pouvaient pas me tromper, que tous leurs discours ne tendaient qu'à mon plus grand avantage : j'avoue que je caressais cette idée, qui faisait une partie du bonheur de mon existence. Mais, mon cher, j'observai avec plus de soin encore, je changeai ma méthode, je sentis que je ne devais me livrer qu'à de bonnes enseignes, qu'il m'était important de convaincre ceux qui m'entouraient ou qui pourraient m'entourer dans la suite qu'il n'y aurait rien à gagner avec moi par des rapports, par des intrigues, que j'étais homme à voir par moi-même, et que je serais inébranlable dans les plans que je me ferais.

« Ai-je beaucoup gagné, mon cher, en apprenant à apprécier ainsi les hommes, en montrant que j'avais des c... et que l'on n'en ferait pas ce que l'on voudrait ? Non, non, je n'ai rien gagné pour mon avantage propre, en voyant la fausseté des vertus humaines ; mais je crois avoir beaucoup gagné pour le bien de l'Etat ; de la fermeté, morbleu, de braves et honnêtes gens autour d'un prince, sans quoi tout ira à vau-l'eau. »

Machiavel n'a jamais dit autre chose ; c'est tout le machiavélisme, et voilà donc Machiavel et l'Anti-Machiavel réconciliés. Maintenant que le Roi sait ce qu'il fait, il ne veut plus être mené ; pour ne pas l'être, il ne se livre plus. Et il s'en vante, peut-être trop. Catt risque une remarque qui n'est pas sans finesse : « Je crois... qu'il est d'autant plus facile de mener un prince, glisse le docile secrétaire, qu'il prétend que cela est très difficile ou impossible ; avec cette forte prétention, on n'est pas souvent sur ses gardes, et l'on est pris par où on ne s'imaginait pas pouvoir l'être. » Frédéric est surpris agréablement : « Votre réflexion n'est pas mal, réplique-t-il, mais ce que vous dites n'arrive qu'à des sots qui ne savent pas être sur les gardes et y être sans le faire apercevoir ; au reste, n'allez pas vous imaginer qu'avec mon plan fixé de ne me laisser jamais mener, je me refuse aux bons conseils qu'on me donne : non, j'écoute ce qu'on me représente ; si cela est mieux que ce que j'avais imaginé, je l'avoue naturellement et je fais sentir que c'est aux bonnes raisons qu'on me donne et que je discute, et non à la personne, que je rends les armes. *Concludo* que ni Catt, s'il en avait envie, ni qui que ce soit ne me mènera, et que lui et moi devons-nous aller coucher : demain en marche, non en voiture, mais en écuyer qui va chercher les grandes aventures. »

Un faux semblant très prononcé chez Frédéric II, et qui tient au fond même de son personnage public, est de « poser à l'homme qui exècre la guerre, » de jouer l'homme qui n'aspire qu'à la paix des champs : c'est le mal particulier et spécifique du siècle, le faux semblant de la « sensibilité. » Il vit au milieu des camps, il vient de parcourir un champ de bataille :

« Tout cet attirail n'est-il pas affreux, ne l'est-il pas ? Qu'il faille tant de peine pour élever un homme, et qu'on mette tant de choses en œuvre pour le détruire ; cela fait crier vengeance. Barbares, faites la paix ; mais les barbares ne m'écoutent point, hélas ! Ce ne sera pas l'esprit d'humanité qui nous la fera faire, cette paix, à tous tant que nous sommes, Impériaux, Russes, Français, ce sera le manque d'argent, on s'égorgera jusqu'à l'extinction de ce vil métal. »

A Potsdam ! à Potsdam ! S'il savait le latin, que l'entêtement de son père l'a empêché d'apprendre, Frédéric répéterait : *Hoc erat in votis* :

« Eh ! mon ami, si je puis sortir un jour de tout cet épouvantable tracas, voici comme j'aimerais passer le reste des jours que le sort me destine : je me réserverais une province dont les revenus monteraient à 100 000 écus par an, je me choisirais quelques amis honnêtes, éclairés, complaisants, mais sans adulation ; j'éloignerais de toutes mes forces les ambitieux et les intrigants, je ne voudrais point être trop près d'une ville, parce qu'il y aurait toujours de la royauté et des respects ; je ferais cette loi inviolable que chacun fût libre, que l'on parlât, que l'on agît avec moi en ami, et sûrement j'en serais un tendre, coulant et fidèle. Tout étranger, homme sociable, de mœurs, d'esprit et connu d'ailleurs, serait reçu chez moi à bras ouverts, mais j'éloignerais avec grand soin tous ceux qu'y attirerait la simple et sotte curiosité. Mon diner serait très simple, — 12 000 écus par an me suffiraient pour ma table, j'emploierais 20 000 à des fantaisies, et je destinerais le reste à mes compagnons, je leur laisserais quelque chose après ma mort, pour qu'ils se souvinssent quelquefois de moi : c'est ainsi, mon ami, que je sèmerais de quelques fleurs le peu de chemin qu'il me reste à faire. »

Cette âme, qui n'a pourtant rien de bucolique, songe sérieusement, ou du moins complaisamment, à la retraite. Frédéric a formé « un plan qui lui est cher, » celui de se retirer. « Oui, mon ami, de me retirer, non pour aller en catholique vivre dans Rome moderne, non pour aller me faire abbé de Saint-Germain-des-Prés, mais pour mettre en sage un intervalle entre tous les tracas de la mort, » et la tristesse l'attendrit jusqu'à lui faire tenir un langage qui ne lui est pas accoutumé :

« J'aime trop mon peuple, — il invoque le nom de Dieu, — Dieu m'en est témoin, pour l'exposer à souffrir plus encore qu'il ne souffre dans ces moments-ci... Je ne reverrai plus un frère, tant d'amis que j'ai perdus, je ne verrai que des peuples désolés qui se sont sacrifiés pour moi. Et je ne me sacrifierais pas pour eux, je serais le dernier des ingrats. » Cette conversation finit là, « elle me parut bien singulière, ne peut s'empêcher de remarquer Henri de Catt, on fera peut-être ici les réflexions qui se présentèrent alors à mon esprit, c'est que parfois on parlait, — c'est-à-dire que le Roi parlait, — avec une espèce d'enthousiasme et qu'on agissait ensuite, — c'est-à-dire qu'il agissait, — avec un autre bien contraire au premier. » Terrible contradiction : après avoir déchaîné quatre grandes guerres, le Roi se dit épouvanté des misères de la guerre : « Que de braves gens je perds, mon ami, et que je déteste ce métier auquel m'a condamné l'aveugle hasard de ma naissance ! » Frédéric s'y résigne pourtant, et s'en acquitte en maître, parce que c'est son métier, et que, lorsqu'on est d'un métier, il faut le faire : « Tout prince qui est dans le cas de faire la guerre et qui n'en partage pas le péril ne mérite pas qu'on s'intéresse à son sort : c'est un opprobre ineffaçable dont il se couvre. »

Mais la gloire elle-même, à l'entendre, ne console pas le Roi de l'affreux spectacle auquel il assiste : « Ah ! du diable, la belle gloire ! Des villages brûlés, des villes en cendres, des millions d'hommes infortunés, autant de massacrés, des horreurs de toute part, finir enfin soi-même ; n'en parlons plus, les cheveux me dressent à la tête ! »

Il fait bien, — de temps en temps, — s'il n'a rien à y perdre, ce qu'il peut pour adoucir les rigueurs du fléau. A Troppau, il rassure les bourgeois qui craignent le pillage : « Ah ! mon cher, il faudrait être bien barbare pour vexer sans raison de pauvres diables qui n'entrent, au fond, pour rien, dans nos illustres démêlés. » Une autre fois : « Si parfois nous pillons et brûlons, c'est qu'on nous y force. »

Comme philosophe, Frédéric ne cesse pas d'exécrer la guerre, surtout quand elle est malheureuse pour ses armes ; de pester contre les maraudeurs, surtout quand ce sont ses sujets qui sont dépouillés ; de menacer et de maudire les espions, surtout quand ce sont ses mouvements qu'ils observent. Les cosaques ont passé au château de Tamsel, en août 1758 : « Voyez, mon cher, dit-il à Catt, dans quel état ces canailles ont mis ces meubles des bons Wreech ; comme ils ont brisé ces meubles et tout ce qu'ils n'ont pu emporter ; ce qu'ils ont fait ici, ces barbares l'ont fait de même chez la plupart des paysans ; avez-vous vu cette morte devant le jardin, tout cela ne fait-il pas dresser les cheveux de la tête ? Est-ce là faire la guerre ? Les princes qui se servent de telles troupes ne devraient-ils pas rougir de honte ? Ils sont coupables et responsables devant Dieu de toutes les horreurs qu'ils commettent. »

Il y revient quelques jours après : « Je n'ai rien pu avoir aujourd'hui de mes barbares (les Russes) que beaucoup de leurs malades et de leur piètre bagage. N'avez-vous pas été édifié de la manière dont ils ont abîmé ce pauvre village ? Ces canailles, ne pouvant emporter les lits de mes pauvres paysans, les ont défaits, ont répandu les plumes dans le chemin et dans les chambres, et ces plumes ont servi de litière à leurs chevaux : vous m'avouerez que ce sont des horreurs, mais, mon cher, s'il n'y en avait pas encore de plus épouvantables, on passerait sur celles qu'ils ont faites ici. Si Voltaire voyait tout ceci, comme il s'écrierait : « Ah ! barbares, ah ! brigands, inhumains que vous êtes, comment pouvez-vous espérer d'hériter le royaume des cieux ? »

Et ils n'hériteront pas non plus le royaume des cieux, malgré leur prétention d'en enseigner le chemin, ces moines, ces prêtres, contre lesquels le roi de Prusse nourrit une véritable phobie, — la phobie de l'espionnage. — A Heinrichau, couvent de religieux de Citeaux, le 22 avril 1758 : « Si vous donnez de mes nouvelles à mes ennemis, je vous ferai tous pendre sans miséricorde. » Ailleurs : « Je sais très décidément que vous avez la plupart un fort penchant à faire l'infâme métier d'espion, prenez garde à vous. » Et ailleurs : « Vous n'avez pas d'idée, mon cher, de cette canaille de prêtres, ce sont les plus grands coquins qui existent ; j'ai eu pour cette prêtraille des bontés infinies, et elle n'a cessé d'être perfide ; sans cesse, ils donnent des nouvelles à mes ennemis et me font un tort irréparable ; aussi, si j'en attrape un, prélat, chanoine, prêtre, le supplice qu'il subira effrayera tout le reste de cette race encapuchonnée. » Les prêtres sont, pour Frédéric, « ces canailles de prêtres, » « ces bougres-là, » « ces drôles qui se jouent presque toujours de Dieu, des rois et des hommes. L'ennemi est prévenu de mes marches par ces f… prêtres. »

La délicatesse de ses nerfs en est irritée jusqu'à l'exaspération, blessée jusqu'à l'abattement : « Rien ne m'afflige plus que les trahisons, comme les traîtres et les gens faux, ils me font horreur (sic) ; savez-vous ce que je fais, quand j'en découvre ? Je lis Marc-Antonin. »

Je n'aime pas beaucoup cette fin : la littérature me la gâte ; et, au surplus, d'une manière générale, le grand Frédéric met trop de littérature dans l'expression de ses beaux sentiments. Las de songer vainement à la retraite, quand il se démet de sa force jusqu'à songer au suicide : « Ma boite de poison ! ma boite ! » il prend soin de célébrer d'avance sa mort en hexamètres. Il se pleure, mais ne se tue pas. Tout de même, il déplore la guerre en vers, mais il la prépare, la déclare et la conduit en prose. C'est en septembre 1739 qu'il adresse à Voltaire ces strophes indignées : il n'est encore que le prince royal :

Ciel ! d'où part cette voix de vaincus, de trépas ?
O ciel ! quoi ! de l'enfer un monstre abominable
Traîne ces nations dans l'horreur des combats,

Et dans le sang humain plonge leur bras coupable !
Quoi ! l'aigle des Césars, vaincu des Musulmans,
Quitte d'un vol hâté ces rivages sanglants !
De morts et de mourants les plaines sont couvertes :
Le trépas, qui confond toutes les nations,
Dans ce climat fatal, de leurs communes pertes,
Assemble avidement les cruelles moissons !

Fatale Moldavie ! ô trop funestes rives !
Que de sang des humains répandu sur vos bords,
Rougissant de vos eaux les ondes fugitives,
Au loin porte l'effroi, le carnage et les morts !
Du trépas dévorant vos plaines empestées
D'un mal contagieux déjà sont infectées.
Par quel monstre inhumain, par quels affreux tyrans
Ces douces régions sont-elles désolées,
Et tant de légions de braves combattants
Sur l'autel de la mort sont-elles immolées ? -

Tel que le mont Athos qui, du fond des enfers,
S'élevant jusqu'aux cieux, au-dessus des nuages,
Contemple avec mépris les aquilons altiers
A l'entour de ses pieds rassembler les orages :
Tel, en sa grandeur vaine, au-dessus des humains.
Un monarque indolent maîtrise les destins :
Du fardeau de l'Etat il charge son ministre.
D'un foudre destructeur il arme ses héros ;
L'autre, au fond d'un sérail signant l'ordre sinistre.
De sang-froid de la guerre allume les flambeaux.

Monarques malheureux, ce sont vos mains fatales
Qui nourrissent les feux de ces embrasements ;
La Haine, l'Intérêt, déités infernales,
Précipitent vos pas dans ces égarements.
Accablés sous le poids de nombreuses provinces,
Vous en voulez encore ravir à d'autres princes !
Payez de votre sang les frais de votre orgueil ;
Laissez le fils tranquille, et le père à ses filles :

Charles Benoist

Qu'ainsi que les succès, les malheurs et le deuil
Ne touchent de l'État que vos seules familles.

Mais, devenu roi, il s'abstiendra de crier, pour si peu, vers le ciel.
Le ciel !

« Eh ! croyez-vous, monsieur, de bonne foi, qu'il se mêle des querelles, des débats, des carnages qu'ont faits et que font des polissons comme nous ? Croyez-vous que, me promenant dans mon jardin de Sans-Souci, et foulant aux pieds une fourmilière, je pense seulement qu'il y ait précisément dans mon chemin de petits êtres qui s'agitent et se tracassent ? Ne seraient-ils pas ridicules, ces animaux, de penser, — si, au reste, ils sont doués de la pensée, — que je sais qu'ils existent et que je dois tenir quelque compte de leur existence ? Non, mon ami, défaites-vous de cet amour-propre qui vous abuse, en vous présentant le ciel sans cesse occupé à votre conservation, et mettez-vous bien dans la tête que la nature ne s'embarrasse pas des individus, mais de l'espèce : celle-ci ne doit pas périr. Que répondre à tout cela ? Qu'un roi peut très bien ignorer qu'en marchant il foule à ses pieds une fourmilière qui se rencontre sur son chemin ; qu'occupé de grandes affaires qui demandent toute son attention, et que souvent il ne peut toutes surveiller, il ne pense point à des fourmis et s'il en existe dans ses jardins et dans ses parcs. »

Voilà le fond, la substance, qui est politique et action ; le reste seulement est littérature. Est-il défendu de penser qu'ici la littérature même est de la politique ? Quand Frédéric, pour couvrir d'anathèmes Marie-Thérèse, parodie le passage célèbre d'*Athalie* :

Daigne, daigne, mon Dieu, sur *Kaunitz* et sur elle...

quand, au milieu de ses troupes et dans le fracas du canon, il prend chaque jour une heure pour jouer de la flûte, composer, lire, apprendre par cœur des morceaux, les réciter, rimailler, écrire des choses inutiles comme « l'oraison funèbre de Mathieu Rheinart, maître cordonnier, » ou des choses auxquelles il se pique de ne pas croire, comme « le sermon sur le Jugement dernier, » n'est-ce pas une façon de s'enfermer en lui-même et de réfléchir, loin des hommes et des événements ou des accidents importuns, ne cherche-t-il point, par-delà de puériles distractions, une sorte de solitude inspiratrice ? Autrement, toute cette dépense de littérature

II. PORTRAIT D'UN ROI

hors de saison ne serait qu'un médiocre cabotinage, — le mot revient nécessairement. Mais, pour un prince et en particulier pour un grand prince, ces eux ne sont pas sans péril ; car rien qui vient de lui n'est indifférent.

Lorsque paraissent ses poésies, — les fameuses « *Œuvres de poésie du roi mon maître,* » dont Voltaire s'est tant amusé pour venger sa mésaventure de Francfort, — le Roi est furieux et inquiet au-delà de toute expression. « Jamais je ne vis tant d'inquiétudes, » écrit le placide Catt. Frédéric écume et se lamente : tourment de politique plus encore que de rimeur : « Moi qui n'ai fait mes poésies que pour me délasser, que pour m'égayer seul aux dépens de ceux qui me faisaient du mal, et qu'il faut (*sic*) qu'elles deviennent publiques dans le moment le plus critique de mon existence ! Si j'avais pu soupçonner cette publicité, j'aurais brûlé mon livre et tous mes cahiers : ce que dit un Roi en bien ou en mal ne s'efface jamais. » Comme je n'avais point encore lu ce livre, explique Catt, je dis au Roi : « Mais, Sire, quel tort peut Lui faire (Lui, troisième personne de révérence, sous-entendu : à Votre Majesté) la publication de cet ouvrage ? — Quel tort ? et n'avez-vous pas vu, mon cher, mes tirades sur l'Angleterre, la Russie et autres : voilà ce qu'il y a de diabolique pour le moment présent, et voilà ce qu'il faut que je change au plus vite. »

Décidément, il est dangereux pour un Roi de se faire homme de lettres ; au moins doit-il bien prendre garde aux sujets sur lesquels il s'exerce. Quelques stances *paraphrasées de l'Ecclésiaste*, passe, et passe encore avec un dessein politique : « Sainte capucinade, dit Frédéric lui-même, que j'ai faite uniquement pour calmer les cris furieux des zélateurs insensés qui soulèvent tout le monde et le soulèvent aussi contre moi. » La *Relation de Phihihu, émissaire de l'empereur de Chine en Europe*, n'est qu'une plaisanterie. Sans doute, plusieurs la trouveront mauvaise, mais il n'importe : « Les dévots vont diablement criailler, j'en suis sûr, il n'en faut pas tant pour qu'ils clabaudent, oh ! pour cela, je m'en fiche. Le Saint-Père, vous le verrez, me donnera l'absolution, malgré de légers coups de patte que je lui donne, si je parviens à bien rosser ces chers amis. »

Pour ce grand porte-sceptre et ce grand porte-épée, la plume aussi est une arme : il croise épître contre épître : « Vous voyez, mon cher, que je ne reste pas en arrière, avec mes amis et mes ennemis ; en bon chrétien, je devrais tendre à ceux-ci la joue gauche lorsqu'ils me frappent la droite ; mais, tout en admirant le pardon des injures, je ne me sens pas assez de force pour tolérer le mal qu'on me fait, et même celui que je soupçonne qu'on veut me faire. »

Qu'en retenir, sinon que ces divertissements, ces vers, cette prose, cette musique, ce théâtre, c'est de la politique encore et toujours ? Encore et toujours une apparence, un faux semblant, encore et toujours du machiavélisme, — un machiavélisme renforcé et redoublé où, toutes réserves faites et toutes proportions gardées, un libelliste collaborerait avec le Prince, l'Arétin, par exemple, avec César Borgia. — Que si ce rapprochement semble attenter au respect qui est dû à la majesté royale, on est prié de ne pas oublier les stances aux Français sur Louis XV et la Pompadour.

* * *

Voulons-nous à présent achever le portrait, lui donner les derniers accents ? A trois de ses familiers, voici comment Frédéric apparaît. Le marquis d'Argens, guidant les premiers pas d'Henri de Catt à la Cour, l'avertit en ces termes :

« Quand notre philosophe se fiche une idée de quelqu'un, bonne ou mauvaise, elle n'en sort pas aisément (*sic*), ce qu'il décide est bien décidé et sans appel : croit-il qu'un homme a de l'esprit : oh ! il en a contre vents et marée ; si malheureusement il le croit un sot, il a beau avoir du talent, il restera sot à ses yeux jusqu'à la fin des siècles. Je m'intéresse vraiment à vous, voici les conseils de mon cœur que je vous voue, parlez peu, soyez, vis-à-vis de notre philosophe, sans gêne et affectation ; cependant, entrez le moins possible dans les badineries, témoignez peu d'empressement pour les confidences qu'il pourrait vous faire et qu'il vous fera, et que ce peu d'empressement se montre surtout sur ce qu'il pourra vous dire sur sa famille ; ne critiquez, pour Dieu, ni sa prose.ni ses vers, ne lui demandez rien, point d'argent, et ne voyez qu'autant que la politesse le permet ceux qu'il a décidés être sots, malins, intrigants et frondeurs. »

M. de Balbi avait commis une faute stratégique ; il a été bien reçu :

« Il n'est pas possible, monsieur, de s'imaginer toutes les horreurs que l'on m'a dites, et je ne sais où diable il peut prendre ses expressions plus infernales les unes que les autres. » M. de Catt s'ingénie à le consoler : « Ah ! monsieur, reprend le colonel, que vous connaissez encore peu le Père Prieur ! Il ne revient jamais de ses idées, surtout quand, en revenant, il s'agirait de montrer le défaut de la cuirasse ; lui revenir, lui revenir, qu'une chose a été manquée par sa faute (*sic*) ! Le canon avancerait plutôt que de reculer quand on le tire ; non, monsieur, vous ne le connaissez pas, et fasse le ciel que vous ne le connaissiez jamais par votre expérience : on rendra mille services à cet homme, a-t-on le malheur de manquer un instant, dans des choses surtout où il s'imagine qu'on donne atteinte à son amour-propre, voilà pour jamais les mille services au diable. Eh ! que d'exemples bien tristes je pourrais vous citer de ce que je vous dis, monsieur, mais il faut partir, j'en ai reçu l'ordre, et vraisemblablement pour ne reparaître jamais ; conservez moi votre souvenir. »

Le capitaine de Marwitz, aide de camp du Roi, n'est pas plus rassurant : « Monsieur, pour le moindre tort que vous pourriez avoir avec lui, il vous éloignera après trente ans de services, et même sans aucun tort de votre part ; il sera assez dur pour vous éloigner, lorsqu'il sentira qu'il devrait récompenser toute la gêne dans laquelle vous aurez passé vos plus belles années : voilà l'homme, monsieur, tel qu'il est. »

Et j'ai retrouvé encore ces deux croquis (*Frédéric le Grand*).

« Le feu Roi disait de Frédéric : « Il a bien de l'esprit, mais s'il en avait un brin de plus, il faudrait l'enfermer. Vous allez voir que, quand je serai mort, Berlin sera inondé de fois et d'esprits forts, de ces gens qui se promènent dans les rues, tels que ma mère et ma grand'mère les aimaient ; il séduira tout le monde et fera enrager ses voisins. » Il est certain que le Roi se perd souvent dans le sublime. »

« Bien des gens pensent que le feu Roi se trompait et que Frédéric n'a pas l'esprit aussi brillant qu'on l'a cru. C'est ce que nous ne déciderons pas. Bien est-il vrai toujours qu'il en a dix fois plus que le commun des Rois et vingt fois plus qu'il n'en faut pour régner. Sa partie brillante est le militaire, dont il est capable de tirer tout le parti possible. Expéditif, saisissant ce qu'on veut lui dire au premier mot, ne prenant ni ne voulant de conseil, ne souffrant jamais de répliques ni de remontrances, pas même de sa mère, de sa femme, de sa sœur, de ses frères, moins encore de ses ministres, *ce gui se prouve certainement par un esprit supérieur.* (Faute probable d'impression, pour : *ce qui ne prouve certainement pas un esprit supérieur.*) Ce qui le prouve moins encore, c'est d'être mauvais plaisant, de dire des duretés au lieu d'épigrammes, et de s'adresser toujours à des gens qui, par leur état, ne doivent pas lui répondre et qui, par leur génie, ne peuvent pas lui faire apercevoir les raisons pour lesquelles ils se taisent. Ce qui le prouve enfin, c'est qu'il n'a jamais rien compris aux finances et au commerce et qu'il n'a pas sçu tirer parti de l'argent qu'il adore.

« Il n'y a pas le même bien à dire de son caractère que de son esprit. Traitant les hommes en esclaves, ses sujets gémissent sous des chaînes terribles. Il ne pardonne aucune faute contre l'exactitude militaire, et si son intérêt est lézé, il ne châtie pas, il se venge. Ces défauts de l'homme sont compensés par les qualités du Roi. »

D'autre part (*Anecdotes précieuses sur Sa Majesté*) : « Ce qui est plus étonnant que toutes ces anecdotes particulières, c'est d'examiner les projets incroyables qui ont fermenté dans cette tête royale. Il n'est jamais entré dans une imagination humaine la vingtième partie des combinaisons étranges dont ce héros aurait régalé l'Europe si la fortune l'eût seulement flatté une minute du succès.

«… Aussi Voltaire disait-il : Si, après cela, dans ce ridicule siècle, on pouvait démontrer que, pour avoir voulu la paix et le vrai bien de sa nation, un jeune et bon roi a risqué d'être lapidé ; si un autre prince, nommé le bien-aimé, a tout gâté chez lui ; si… si… si… ; si enfin c'est un roi philosophe qui a mis le feu aux quatre coins de l'Europe, et donné le ton à des principes et à une guerre plus immorale que celles des Attilas et des Gengiskhan, que restera-t-il donc à désirer après cela, en fait de maîtres, sinon de demander au ciel des Nérons et des Caligulas, pour rendre les mortels heureux ? »

« Dieu l'avoit mis dans une position unique. Lui seul, en montant sur le trône, se trouvait de tous les princes de la Chrétienté le mieux en passe de donner le ton à l'Europe. Il avait de l'argent, de belles troupes, de l'esprit, le goût du travail, peu de préjugés, et le courage d'oser se singulariser en tout. Il n'eût dépendu que de lui d'être l'arbitre du monde chrétien. Il a mieux aimé en être l'épouvantail. Quel dommage ! La nature lui avait tout prodigué, jusqu'à l'art de plaire et de subjuguer les cœurs. Qu'en a-t-il fait, hélas ! que de les employer à dépouiller, à faire gémir son plus parfait ouvrage ; et pour une puissance exagérée et momentanée se mettre en butte à la défiance, à la jalousie, et à la haine du reste de l'Europe, sans faire rien de solide pour sa maison ? »

S'il faut racler enfin quelques éclaboussures de pinceau : « Votre héros et le mien, dit à M. de Catt « une personne très respectable, » notre héros qui brave le ciel et l'enfer, les temps et l'éternité, est sujet aux impressions que fait pendant le sommeil un sang plus ou moins agité. » — « Je lui ai toujours trouvé, déclare un autre témoin, non l'esprit décidément faux, mais du faux dans l'esprit. J'en avais cette idée avant qu'il montât sur le trône, et vingt ans de règne ne m'en ont pas désabusé. » — « Un ensemble rare de grands talents, de vices consommés et de *vertus* apparentes, des succès éclatants et des disgrâces imméritées, » dit un troisième. Le dernier prononce cette sentence définitive : « Il sut vouloir. »

Il resterait à dire un mot des opuscules attribués au roi de Prusse lui-même, et qui par conséquent pourraient figurer dans notre galerie, avec l'étiquette : *Portrait de l'auteur*. Malgré la déclaration solennelle de l'éditeur : « On trouvera la preuve que cet ouvrage est véritablement de Frédéric le Grand dans la *Honte and Foreign Review*, n° III, » le texte des *Matinées royales* ou de *l'Art de régner*, publié pour la première fois à Londres en 1863 « d'après la copie faite à Sans-Souci l'an 1806, par M. le baron de Méneval, secrétaire du portefeuille de Napoléon, » n'a pour moi qu'un caractère d'authenticité très insuffisant. Mais, comme les *Dernières pensées du roi de Prusse, écrites de sa main*, et venues en d'autres mains dans des circonstances ainsi relatées : « Ce petit manuscrit a été vendu par un hussard à un étranger qui était à Potsdam, pendant le temps de la mort du Roi ; cet étranger a lu ce manuscrit à ses amis, il l'a prêté, et il lui en a été pris copie », c'est un apocryphe de ce genre qui est, si je l'ose dire, plus vrai que de l'authentique, car il a fallu s'appliquer à le faire très vraisemblable pour lui donner de l'autorité. Il n'est donc pas téméraire de leur emprunter par-ci par-là de quoi remonter un peu notre couleur.

Charles Benoist

« Si nous nous souvenons que nous sommes chrétiens, dit *l'Art de régner*, nous serons toujours dupe. Pour la guerre, c'est un métier où le plus petit scrupule gâterait tout. En effet, quel est l'honnête homme qui voudrait la faire, si l'on n'avait pas le droit de faire ces règles qui permettent le pillage, le feu et le carnage ? — Nous devons à nos sujets la justice, comme ils nous doivent le respect. Je veux dire par-là, mon cher neveu, qu'il faut rendre la justice aux hommes, et surtout aux sujets, lorsqu'elle ne renverse pas nos droits ou ne blesse pas notre autorité. — Comme on est convenu parmi tous les hommes que duper son semblable était une action lâche, on a été chercher un terme qui adoucit la chose, et c'est le mot *politique* qu'on a choisi. Infailliblement, ce mot n'a été employé qu'en faveur des souverains, parce que décemment on ne peut nous traiter de coquins et de fripons. Quoi qu'il en soit, voilà ce que je pense de la politique. J'entends, mon cher neveu, par le mot politique qu'il faut chercher à duper les autres, c'est le moyen d'avoir de l'avantage ou du moins d'être de pair avec tous les hommes ; car soyez bien persuadé que tous les états du monde courent la même carrière et que c'est le but caché où tout le monde vise, grands et petits. — Or, ce principe posé, ne rougissez point de faire des alliances dans la vue d'en tirer tout seul tout l'avantage. Ne faites pas la faute grossière de ne pas les abandonner, quand vous croirez qu'il y va de votre intérêt, et surtout soutenez vivement cette maxime que dépouiller ses voisins, c'est leur ôter le moyen de nous nuire. — Croyez que l'homme est toujours livré à ses passions, que l'amour-propre fait toute sa gloire, et que toutes ses vertus ne sont appuyées que sur son intérêt et sur son ambition. Voulez-vous passer pour un héros ? Approchez hardiment du crime. Voulez-vous passer pour un sage ? Contrefaites-vous avec art. »

C'est assez pour donner le ton de ce recueil d'aphorismes, de ce « catéchisme, » comme eut dit Voltaire ; et c'est, au déclin de Frédéric, c'est ou ce serait, s'il était réellement de lui, un bon manuel de machiavélisme, qui fait pendant, mais contraste, à *l'Anti-Machiavel*. La vie aurait ainsi dicté à ce prince son livre du *Prince*, et il l'aurait écrit après coup, d'après ses actes, sujet et auteur, César et Machiavel tout ensemble. Les *Dernières pensées du roi de Prusse* n'y ajoutent que peu de chose : elles sont pâles et ternes, à côté de cette prose acre et froidement violente. Mais elles n'en sont pas discordantes : « Quand les souffrances m'en laissent la liberté, je fais le bien que je crois juste et nécessaire, et je ne me permets de mal que celui qui est utile au gouvernement. — Les femmes ont toujours été sans pouvoir sur moi... Je ne puis souffrir un être faible qui domine. — J'aimais la conversation du vieux prince d'Anhalt-Dessau, son esprit rude et presque féroce me plaisait, c'était un vrai Vandale : on retrouvait chez lui le caractère que leur donne Tacite. — Aujourd'hui, craindre le Pape, l'Église et le clergé, c'est avoir peur des mouches à la fin de l'automne... Les rois bigots... sont les vrais fléaux de Dieu.- — Si l'acquisition de la Pologne, qui ne coûta point de sang, n'était pas fondée sur une justice rigoureuse, elle l'était sur la raison, qui demande que des peuples voisins ne soient pas entravés par des limites indécises et enclavées les unes dans les autres : la morale a des ressources pour tous les hommes, elle ne saurait en manquer pour les rois, et les convenances territoriales peuvent entrer dans ses principes, comme contribuant au plus grand bonheur des peuples. » Là encore, il n'est rien que Machiavel n'eût dit, ni qu'il eût dit autrement qu'on le fait dire à l'Anti-Machiavel, dans le testament où il est censé résumer et enfermer toute son expérience.

* * *

De la superposition de ces ébauches un peu confuses, aux hachures entrecroisées, quelles sont les lignes qui se détachent, quelle est l'image qui surgit ? Au fait, nous n'avons pas besoin du petit Frédéric de l'anecdote, puisque nous avons le grand Frédéric de l'histoire. Celui-ci, nul ne l'a mieux saisi que Macaulay, mieux fixé sur la toile pour l'immortalité de la gloire et du blâme :

«... Ce fut du roi de Prusse que la jeune reine de Hongrie reçut les plus fortes assurances d'amitié et d'appui. Cependant le roi de Prusse, l'Anti-Machiavel, était déjà pleinement résolu à commettre le grand crime de violer la foi jurée, de dépouiller l'allié qu'il était tenu de défendre, et de plonger toute l'Europe dans une guerre longue, sanglante et désolante ; et tout cela, uniquement pour étendre ses domaines et voir son nom dans les gazettes. Il se décida à rassembler promptement et secrètement une grande armée, à envahir la Silésie avant que Marie-Thérèse connût son dessein et à ajouter cette riche province a son royaume.

Pour voir son nom dans les gazettes, il le confesse : « L'ambition, l'intérêt, le désir de faire parler de moi l'emportèrent, et je décidai la guerre. » Il la décida, de sa volonté délibérée, évoquant tout à coup d'anciennes prétentions, séculairement périmées, de la maison de Brandebourg sur la Silésie, « en violation de la foi jurée » tout récemment, en dépit de l'engagement pris par lui-même de garantir l'intégrité des Etats autrichiens. Mais une foi, un engagement, une garantie ?

« Il disait que toutes les garanties diplomatiques n'étaient que des réseaux de filigrane jolis à regarder, mais trop fragiles pour résister à la plus légère pression… »

Et il appuyait fortement de tous ses doigts. Le filigrane des traités craquait : son poing passait au travers, lourd et rapide. « Une fois la guerre résolue, il agit avec habileté et avec vigueur. Il lui était absolument impossible de cacher ses préparatifs : sur tout le territoire prussien, on voyait circuler des régiments, des armes et des bagages. L'envoyé d'Autriche à Berlin instruisit sa cour de ces faits, et exprima ses inquiétudes sur les desseins de Frédéric ; mais les ministres de Marie-Thérèse se refusaient à croire à un si noir attentat de la part d'un jeune prince qui s'était fait surtout connaître par ses grandes protestations de loyauté et de philanthropie : « Nous ne voulons pas, écrivaient-ils, nous ne pouvons pas le croire. » Pas de déclaration de guerre ; pas de demande de réparation ; Frédéric II prodigue encore les compliments, les assurances de bon vouloir, il fait encore ses révérences que déjà ses troupes sont entrées en Silésie. De nouveau, « dans l'automne de 1744, sans avertissement, sans prétexte décent, il recommença les hostilités, traversa l'Electorat de Saxe sans prendre la peine d'en demander la permission à l'Electeur, envahit la Bohème, prit Prague, et alla même jusqu'à Vienne. » — « L'année suivante (1745), après Hohenfriedberg et Sorr, comme il n'avait plus à craindre que Marie-Thérèse pût faire la loi en Europe, il commença à former le projet de manquer pour la quatrième fois à sa parole. » De plus en plus « le public s'habituait à regarder le roi de Prusse comme un politique dénué à la fois de moralité et de décence, insatiable dans sa rapacité, éhonté dans sa perfidie ;… comme un contrebandier malfaisant et sans principes, qui ne méritait la tendresse de personne ; comme un « pirate universel » qui, « à force d'enflammer les passions de deux grandes Puissances et de les abandonner l'une et l'autre en prétendant les servir, avait réussi à s'élever au-dessus du rang où il était né. » — « Le public ne se trompait pas beaucoup. » — « Ce prince, pour lequel la France avait tant souffert, était-il un allié reconnaissant, ou même un allié honnête ? N'avait-il pas été aussi perfide envers la cour de Versailles qu'envers la cour de Vienne ? N'avait-il pas joué, sur un grand théâtre, le rôle que joue, dans la vie privée, le vil agent de chicane qui pousse ses voisins à se quereller, les entraine dans des procès ruineux et interminables, et les trahit tous à la ronde, certain que la ruine des uns ou la ruine des autres ne manquera pas de l'enrichir ? N'est-il pas notoire qu'il ordonna plusieurs fois secrètement à ses officiers de piller et de démolir les maisons de certaines personnes auxquelles il en voulait, tout en leur recommandant de prendre leurs mesures de façon que son nom ne pût pas être compromis ? Pendant la guerre de Sept Ans, il agit de la sorte envers le comte Brühl. »

Il ne néglige aucun moyen. « Aussitôt Dresde occupé, Frédéric voulait commencer par s'emparer des papiers d'État de la Saxe ; car il savait bien que ces papiers prouveraient d'une façon péremptoire que, quoiqu'il fût en apparence l'agresseur, il agissait réellement dans l'intérêt de sa propre défense. La reine de Pologne, qui connaissait aussi bien que Frédéric l'importance de ces documents, les avait emballés, les tenait cachés dans sa chambre à coucher et allait les envoyer à Varsovie, quand un officier prussien se présenta devant elle. Dans l'espérance qu'un soldat n'oserait pas outrager une femme, une reine, la fille d'un empereur, la belle-mère d'un dauphin, elle se plaça devant le coffre et finit par s'asseoir dessus. Mais toute résistance fut inutile. Les papiers furent portés à Frédéric, et il y trouva, selon son attente, la preuve évidente des desseins de la coalition. Il fit aussitôt publier les documents les plus importants, et l'effet de la publication fut grand. Tout le monde vit que, quels que fussent les péchés dont le roi de Prusse ait pu se rendre autrefois coupable, il était maintenant l'offensé, et qu'il avait seulement prévenu un coup destiné à l'anéantir. »

Tout de suite il exploite le pays conquis, y lève des soldats et des impôts : « Moitié par force, moitié par persuasion, dix-sept mille hommes qui avaient occupé le camp de Pirna furent entraînés à s'enrôler sous les drapeaux du vainqueur. »

C'est « le plus vigilant, le plus soupçonneux, le plus sévère des politiques. » Il a du jugement, de la résolution, du bonheur, de la fermeté, de la fidélité envers lui-même. Ainsi qu'il sait vouloir, il sait attendre. De temps en temps, et de jour en jour davantage à mesure qu'il vieillit, il traversa bien des heures de découragement ; alors, on peut le dire, et Macaulay le dit énergiquement, il montre à l'adversité une face assez déplaisante.

Après Closter-Seven, « ses malheurs l'avaient atteint jusqu'au vif. Le railleur, le tyran, le plus rigoureux, le plus impérieux, le plus cynique des hommes était très malheureux. Son visage était si hagard et son corps si maigre que, lorsque, à son retour de Bohême, il traversa Leipsick, le peuple le reconnut à peine. » Il songe à s'empoisonner, mais il chante sa mort dans une épître. « Au milieu de toutes les calamités du grand roi, sa passion pour composer des vers médiocres ne faisait que se développer... Il n'est pas, à notre connaissance, d'exemple aussi frappant et aussi grotesque de la force et de la faiblesse de la nature humaine, que le caractère de ce bas bleu hautain, vigilant, résolu, sagace, moitié Mithridate, moitié Trissotin, qui résiste à tout un monde armé contre lui, avec une once de poison dans une poche et un cahier de mauvais vers dans l'autre. » Son cœur est tout ulcéré de haine... « Il est dur, dit-il dans une de ses lettres, d'avoir à souffrir ce que je souffre. Je commence à sentir que, comme le disent les Italiens, la vengeance est le plaisir des dieux. Ma philosophie est minée par la souffrance. Je ne suis pas un saint comme ceux dont nous lisons l'histoire dans les légendes, et j'avoue que je mourrais content, si je pouvais d'abord infliger à d'autres un peu de la misère que j'endure. »

Pour mourir content, — et vengé, — gagnons du temps, durons. « Les Russes, retenus par les neiges, ne bougeraient probablement que lorsque le printemps serait bien avancé. » — « Peut-être les Turcs se mettraient-ils en mouvement sur le Danube. » Dans ses épreuves, Frédéric II en appelle jusqu'au Sultan.

« J'ai médité un discours au Grand Seigneur pour l'engager à faire la guerre à mes ennemis. Réveillez-vous, sublime Hautesse, réveillez-vous : le grand Eugène, qui vous a porté des coups si désastreux, n'est plus… Vengez-vous des maux qu'il vous a faits, le temps est favorable, vous n'avez qu'à paraître, vous serez sûr de la victoire. Généreux comme vous l'êtes, vous ne verrez pas avec indifférence un pauvre prince attaqué par toutes les puissances de l'Europe. Les Autrichiens font courir le bruit que j'aime la guerre. Sublime Hautesse, ne les croyez pas, cela est faux, on m'a forcé à la guerre, et, à brûler, je me défends comme je le puis, je succombe si vous ne venez pas à mon secours. Mais Sa Hautesse fait la sourde oreille ; semblable au monde corrompu, elle fuit les malheureux. Combattons donc seuls et mourons, s'il le faut, pour la chère patrie et pour la gloire. »

Néanmoins il se donne des airs de victime : « Qu'on m'accuse, si l'on veut, au tribunal de la politique ; je soutiens que, depuis la ligue de Cambrai, l'Europe n'a pas vu de complot aussi funeste que celui-ci, que même la ligue de Cambrai ne saurait ni ne se peut comparer au dangereux triumvirat qui s'élève à présent, qui s'attribue le droit de proscrire des rois, et dont toute l'ambition n'est pas encore développée. Accusera-t-on un voyageur d'imprudence, contre lequel trois voleurs de grand chemin, avec leurs troupes, se sont ligués, s'il est assassiné au coin d'un bois par lequel ses affaires l'obligeaient de passer ? Tout le monde ne se mettra-t-il pas plutôt à la piste des voleurs pour les prendre et les consigner entre les mains de la justice, qui leur donnera leur vrai salaire ?

« Pauvres humains que nous sommes ! Le public ne juge point de notre conduite par nos motifs, mais par l'événement. Que nous reste-t-il donc à faire ? Il faut être heureux.[1] »

Lorsque, mesurant le développement d'un tel caractère et les conséquences d'une pareille conduite, Macaulay les stigmatise en une page superbe, c'est la justice même qui porte son arrêt : « Quand la question de la Silésie n'aurait été débattue qu'entre Frédéric et Marie-Thérèse, il serait impossible d'absoudre le Roi du reproche de grossière perfidie. Mais si l'on envisage le résultat que sa politique amena et ne pouvait manquer d'amener au sein de la grande communauté des nations civilisées, on est forcé de prononcer sur lui une condamnation encore plus sévère. Jusqu'au jour où il commença la guerre, il semblait possible et même

---

1 *Apologie de ma conduite politique*, p. 285-286. *Œuvres de Frédéric le Grand*, t. XII, juillet 1757.

Charles Benoist

probable que la paix du monde fût conservée… Mais l'égoïste rapacité du roi de Prusse donna le signal a ses voisins. Son exemple apaisa leurs remords. Son succès diminua, à leurs yeux, la difficulté de démembrer la monarchie autrichienne ; le monde entier prit, les armes. C'est sur la tête de Frédéric que retombe tout le sang versé dans une guerre qui s'étendit pendant de longues années jusqu'aux extrémités du globe : le sang de la colonne de Fontenoy, le sang des montagnards qui furent massacrés à Culloden. Les maux engendrés par son crime se firent sentir dans des contrées où le nom de la Prusse était inconnu ; et, pour qu'il pût dépouiller un voisin qu'il avait promis de défendre, les nègres se battirent sur la côte de Coromandel, et les hommes rouges se scalpèrent les uns les autres au bord des grands lacs de l'Amérique du Nord. »

* * *

Or, voici, au total, ce qu'est *le Prince* suivant Machiavel : Il prend le monde tel qu'il est et les hommes pour ce qu'ils sont ; il ne s'enquiert pas de ce qui devrait se faire, mais de ce qui se fait : parmi tant de rivaux qui ne sont pas bons, il a appris à pouvoir n'être pas bon. Il sait que, la misère de notre nature ne permettant à personne d'avoir toutes les qualités, l'homme d'Etat doit s'arranger pour n'avoir que des vices qui ne puissent lui faire perdre l'Etat. Il est lent à croire et à s'émouvoir, ne s'effraye pas d'un rien, n'a pas peur de son ombre, ne pousse pas la confiance jusqu'à être imprudent, ni la défiance jusqu'à se rendre intolérable. Dans le fond de son cœur, il s'est demandé s'il valait mieux être aimé que craint, ou mieux être craint qu'aimé, et il s'est répondu que, sans doute, il vaudrait mieux être l'un et l'autre, mais que, comme il est difficile d'être les deux ensemble, le plus sûr est donc d'être craint, s'il faut renoncer à l'un des deux, car les hommes n'aiment qu'à leur gré, mais ils craignent au gré du prince ; et la sagesse commande de se fonder sur ce qui dépend de soi plutôt que sur ce qui dépend d'autrui.

Il ne méconnaît pas que ce soit pour le Prince un honneur que de garder la foi jurée, mais il n'en a vu que trop qui ne se « ont pas fait un scrupule de la violer, et qui, par-là, l'ont emporté sur ceux que leur parole enchaînait. Pour réussir, il faut être simulateur et

dissimulateur accompli, et ne s'attacher qu'à ce principe invariable :
si les hommes étaient tous bons, une telle morale ne serait pas
bonne ; mais, comme ils sont mauvais et ne se gêneraient pas
envers toi, toi non plus, tu n'as pas à te gêner envers eux. Assouplis
ton âme, forme-la à ne point se départir du bien, si c'est possible,
mais à se résoudre au mal, si tu t'y trouves obligé. Paraître avoir
certaines vertus est d'une tout autre importance que de les avoir
réellement, puisque de les avoir et de les pratiquer sans exception
peut nuire, tandis que de paraître simplement les avoir ne peut
être qu'avantageux. Le tout est de maintenir et d'augmenter l'Etat ;
pourvu que l'on y arrive, il n'est pas de moyens qui ne soient
considérés comme honorables, car le vulgaire ne voit que la surface
des choses, et le monde n'est peuplé que de vulgaire.

Placez maintenant sur ce portrait du *Prince* le portrait du grand
Frédéric : ils coïncident exactement. Le visage de Machiavel et le
masque de l'Anti-Machiavel se confondent : ils sont égaux entre
eux et interchangeables. C'est tout ce que j'ai voulu établir. J'ajoute
seulement : il est remarquable que ce soit en Allemagne qu'on
ait vu, dans les temps modernes, la reprise la plus complète du
machiavélisme, théorique avec le « Surhomme » de Nietzsche, —
l'Homme fort, qui n'est qu'une transposition du Prince, — pratique
avec Bismarck ; qu'il y ait gagné la philosophie, et se soit, par
l'influence des soi-disant « intellectuels, » étendu au peuple tout
entier. La théorie et la pratique allemandes ont même exagéré le
machiavélisme primitif. Dans le machiavélisme d'origine florentine
et latine, il n'y avait rien d'inutile, il y avait le sens de la mesure,
de l'équilibre : *ne quid nimis.* L'Allemagne s'est ruée par-delà,
à deux pieds, à quatre pieds, en cheval échappé, en bête lâchée.
Le « machiavélisme, » chose scabreuse, même pratiqué par des
artistes, ne saurait être qu'une vilaine chose, quand il est pratiqué
par des barbares.

ISBN : 978-1534869189

www.ingramcontent.com/pod-product-compliance
Lightning Source LLC
Chambersburg PA
CBHW062018280526
45787CB00005B/2150